NOELS

Choisis.

Toulouse.

J.-M. CORNE, RUE PARGAMINIÈRES, N.o 84.

1826.

NOELS

CHOISIS,

Corrigés, augmentés, et nouvellement composés sur les airs les plus agréables, les plus connus, et les plus en vogue dans la province de Béarn,

Par HENRI D'ANDICHON, ci-devant Curé d'Aucamville, diocèse de Toulouse, et ensuite Archiprêtre de Lembège; diocèse de Lescar, Prieur de Saint-Martin de Maucour, diocèse d'Agen.

Cantate Domino, et benedicite nomini ejus : annuntiate de die in diem salutare ejus. *Psalm. XCV.*

TOULOUSE,

De l'Imprimerie de J.-M. CORNE, rue Pargaminières, n.° 84.

PRÉFACE.

Mon dessein est de bannir des églises les pitoyables Noëls qu'on y chante. On y voit non seulement des pauvretés, mais encore des hérésies. Il n'est pas surprenant qu'on tombe dans ces écueils quand on n'a pas étudié la théologie, ni entendu parler de la fameuse question de la communication des idiomes : chacun traite à sa façon, bien digne de réforme, le plus grand mystère de notre religion ; savoir, l'incarnation du Verbe et la naissance du Sauveur.

Qu'on estime mon ouvrage ce qu'il vaut, et rien au delà. Ma fortune est faite. Je n'attends du public ni du bien, ni de l'encens. Pendant l'Avent, j'ai jugé à propos de réclamer le Messie, et de chanter dans l'église ce que l'église chante : *Emitte agnum, Domine dominatorum terræ*. Au second verset du quatrième Noël, je l'annonce comme venu, parce qu'il est sur le point de venir ; je dois donc alors chanter avec le prophète : *Notum fecit Dominus salutare suum*.

Loin d'ici tout chant lugubre et languissant. Les airs les plus gais m'ont paru les plus convenables. Que le pécheur se réjouisse, dit saint Léon, parce qu'il est invité à recevoir le pardon de ses péchés : *Gaudeat peccator, quia invitatur ad veniam*.

La diversité plaît, chacun a son goût : on veut sur ce point être satisfait ; on trouvera ici de quoi se satisfaire, puisqu'on aura l'agrément de chanter plusieurs Noëls chacun sur sept à huit airs différens, tels que je les indique. Ainsi mon Noël des Sauts Basques me fait plus de plaisir que tout autre, parce que l'air varie à chaque strophe : il me paraît convenable de le chanter pendant que le peuple vient à l'offrande. C'est pour cette raison que, comme patriote, j'ai voulu faire présent à ma patrie d'un cantique Béarnais sur cet air si charmant. On le trouvera après le Noël ou Cantique du *Magnificat*, de même que les actes de la communion, qu'on peut chanter sur neuf airs différens. Je les ai composés en faveur des bergers.

NOEL PREMIER.

POUR L'AVENT.

Sur les airs : *De Joconde ; ou Noum bienguos daban ni darré, cruel que m'as quittado ; ou Quoi ! j'aurais pu vous amuser*, etc.

Descendez du plus haut des cieux,
Adorable Messie ;
Rendez notre sort glorieux,
En nous rendant la vie :
L'affreux tyran nous tient aux fers,
Prenez notre défense ;
Pour nous délivrer des enfers,
Venez prendre naissance.
Je ne veux et je ne puis rien,
Seigneur, sans votre grâce ;
Pour agir et faire le bien,
Mon cœur est tout de glace :
La chair, le monde, le démon,
Tout vers le mal m'entraîne ;
Secourez ma faible raison,
Venez briser ma chaîne.

L'équilibre de liberté,
    Qui n'est plus en moi-même,
Augmente ma captivité ;
    Mon malheur est extrême :
Ce n'est point votre loi, Seigneur,
    Qui semble une loi dure ;
Mais c'est la faute du pécheur
    Qui corrompt la nature.
   Maudit péché, morceau fatal,
    Adam mangea la pomme ;
Pour réparer un si grand mal,
    Il faut un Dieu fait homme.
Si, pour calmer un Dieu vengeur,
    Il faut un Dieu victime,
Quelle est ta folie, ô pécheur !
    De te livrer au crime ?
  Venez, aimable Rédempteur,
    Réparer cet outrage ;
En détruisant notre malheur,
    Epargnez votre ouvrage :
Ne pensez point à nous traiter
    Selon votre justice ;
Ah ! pour ne plus vous irriter,
    Nous renonçons au vice.
  Une vierge doit enfanter
    Un Dieu, dit un prophète ;
Bientôt nous allons célébrer
    Cette brillante fête.
Enfant-Dieu, qui daignez venir
    Dans une chair mortelle,
Venez nous faire tous jouir
    De la gloire éternelle.

NOEL II.

POUR L'AVENT.

Sur les airs : *Laissez paître*, ou *Rebeillats=bous, maynailos*, etc.

Venez, divin Messie,
Sauvez nos jours infortunés ;
Venez, source de vie,
Venez, venez, venez.
Ah ! descendez, hâtez vos pas,
Sauvez les hommes du trépas ;
Secourez-nous, ne tardez pas.
Venez, divin Messie,
Sauvez nos jours infortunés ;
Venez, source de vie, venez, venez, venez.
Ah ! désarmez votre courroux,
Nous soupirons à vos genoux.
Seigneur, nous n'espérons qu'en vous :
Pour nous livrer la guerre,
Tous les enfers sont déchaînés ;
Descendez sur la terre, venez, venez, venez.
Que nous souffrons de maux divers !
L'affreux démon nous tient aux fers,
Nous entraîne dans les enfers :
Vous voyez l'esclavage
Où vos enfans sont condamnés ;
Conservez votre ouvrage, venez, venez, venez.
Eclairez-nous, divin flambeau,
Parmi les ombres du tombeau ;
Faites briller un jour nouveau :
Au plus affreux supplice
Nous auriez-vous abandonnés ?
Venez, Sauveur propice, venez, venez, venez.

Que nos soupirs soient entendus !
Les biens que nous avons perdus
Ne nous seront-ils point rendus ?
Voyez couler nos larmes,
Grand Dieu ! si vous nous pardonnez,
Nous n'aurons plus d'alarmes, venez, venez, etc.
Si vous venez en ces bas lieux,
Nous vous verrons, victorieux,
Fermer l'enfer, ouvrir les cieux ;
Nous espérons sans cesse :
Les cieux nous furent destinés ;
Tenez votre promesse, venez, venez, venez.
Ah ! puissions-nous chanter un jour
Dans votre bienheureuse cour,
Et notre gloire et notre amour !
C'est là l'heureux partage
De ceux que vous prédestinez ;
Donnez-nous-en un gage, venez, venez, venez.

NOEL III.

POUR LE JOUR DE LA CONCEPTION DE LA STE. VIERGE.

Sur les airs : *Malgré la bataille qu'on donne demain* ; ou *Chantons, je vous prie, Noël hautement* ; ou *Lou mati d'ab joyo et lou benté pléé*, etc.

MALGRÉ ta colère,
Tyran des enfers,
Une Vierge-mère
Echappe à tes fers ;
Ta rage est déchue,
Demeure caché,
Marie est conçue
Sans aucun péché.

La chute fatale
Des premiers parens,
Devient générale
Pour tous les enfans :
Le Seigneur propice,
Accourant soudain,
Près du précipice
Lui tendit la main.

Lorsqu'à sa menace
Tout frémit d'effroi,
Elle trouve grâce
Auprès de son Roi ;
Il l'a justifie,
Et lui dit tout bas :
Ne crains point, Marie,
Tu ne mourras pas.

Va-t-en sur la terre
Verser mes bienfaits ;
Je lui fis la guerre,
Porte-lui la paix :
Que rien ne t'arrête,
Ton pied triomphant
Doit briser la tête
De l'ancien serpent.

S'il te voyait naître
Esclave à son tour,
Le démon peut-être
Me dirait un jour :
Majesté suprême,
Dieu de l'univers,
Ta mère elle-même
A porté mes fers.

Auguste Marie,
Voyez nos malheurs ;
Vous fûtes choisie
Mère des pécheurs :
Faites par la grâce

De votre cher Fils,
Que nous ayons place
Dans le paradis.

NOEL IV.

POUR L'AVENT.

Sur les airs : *Berouïne, charmantine*, ou
Cher objet de ma tendresse, etc.

DESCENDEZ, divin Messie,
Venez dans un corps mortel,
Venez offrir à l'Eternel
    Ce gage de vie
Promis aux enfans d'Israël :
    Descendez du ciel.
J'entends le concert des anges
M'annoncer un Dieu naissant ;
On voit le bras du Tout-Puissant
    Dans de pauvres langes,
Et par un prodige éclatant,
    Un Dieu tout enfant.
C'est d'une Vierge féconde
Que devait naître un Sauveur ;
Sous la forme d'un serviteur,
    Il est mis au monde,
Couvert des marques du pécheur,
    Pour notre bonheur.
Que cet Enfant a de charmes !
C'est pour nous un conquérant ;
Il paraît faible, il est puissant,
    Il combat sans armes ;
Satan, vaincu, voit en tremblant
    Ce divin Enfant.
Par l'effet de sa victoire,

Il nous rend la liberté,
Et cachant sa divinité,
    Met toute sa gloire
A nous prêcher l'humilité
    Par sa pauvreté.
Que toute langue bénisse
    Cet Enfant victorieux;
Que d'un concert mélodieux
    Notre air retentisse
Pour louer l'Enfant glorieux
    Qui descend des cieux.

NOEL V.

POUR LE QUATRIÈME DIMANCHE DE L'AVENT.

Sur l'air connu.

PRÉPARONS-NOUS à la fête nouvelle,
Le ciel dans ce lieu nous appelle.
J'entends ce chant en l'air, quel prodige nouvea
Nous annonce un Dieu dans un berceau !
    Mêlons nos voix avec celles des anges;
Chantons du Sauveur les louanges.
Gloire soit à jamais à ce Dieu plein d'amour !
Chantons, chantons avec eux tour à tour.
    Ce Dieu puissant, cet Enfant adorable
Quitte le ciel pour une étable,
Et couvre tout l'éclat de sa divinité,
Du voile obscur de notre humanité.
    Il s'est fait chair pour pleurer notre crime
Il en est déjà la victime :
Oh ! miracle d'amour et d'humiliation,
Pour nous tirer de la sujétion !
    Pour mériter cette paix salutaire,
    Il quitte le sein de son Père

Qui nous abandonnait au pouvoir du démon ;
Ce doux Jésus nous obtient le pardon.

C'est pour nous tous qu'il souffre tant de peines :
Satan nous tenait dans ses chaînes ;
Mais ce divin Enfant, par sa nativité,
Nous affranchit de la captivité.

Tremblant de froid, couché dans une crèche,
Ce cher enfant Jésus nous prêche :
Peuple ingrat et pécheur, viens adorer ton Roi,
Viens admirer l'amour qu'il a pour toi.

NOEL VI.

POUR LA NUIT DE NOEL.

Sur l'air : *Des Sauts Basques.*

L'ÉTERNEL, à tous nos maux sensible,
Nous accorde enfin un Rédempteur.   *bis.*
L'Agneau de Dieu naît cette nuit,
        Le divin soleil reluit,
        Le démon tremble et s'enfuit,
        L'enfer ne sera plus terrible :
Dans l'instant le ciel s'ouvre au pécheur.   *bis.*
        Courons, pasteurs, allons le visiter,
        Allons l'adorer,
        Allons le prier
        De vouloir nous appliquer
Les mérites du sang précieux qu'il vient de
    verser.   *bis.*
    O ciel ! ô terre ! ô prodige nouveau !
Le Maître des cieux n'a qu'une crèche pour
    berceau :   *bis.*
        Le Dieu d'Israël

A quitté le ciel
Pour naître pour nous, souffrir comme un
   criminel.
Fils de l'Eternel,
Plus juste qu'Abel,
Il veut ici-bas avoir le sort le plus cruel,
Et quoiqu'immortel,
Il attend la mort pour sauver chaque mortel.
Dans ces lieux
Il paraît misérable :
Dans les cieux,
C'est un Dieu glorieux.   *bis.*
L'éclat de sa divinité
S'est confondu dans notre humanité ;
Il est impassible et souffrant,
Faible, tout-puissant,
Éternel et tout enfant.
Il s'est écoulé quatre mille ans
Depuis l'esclavage
Où nous avaient réduits nos parens.
Voici l'heureux temps
Où nous serons triomphans.   *bis.*
Si l'innocent n'avait payé pour le coupable,
Adam dut nous damner ;
Mais un Dieu juste et charitable
Vient pour nous sauver.
Sa bonté veut qu'il nous pardonne ;
Sa justice aussi
Veut que l'homme soit puni.   *bis.*
La juste couronne
N'est due à personne
Qu'on n'ait combattu
Et tout ennemi vaincu :
C'est de la victoire
Que dépend la gloire
Qu'on n'aura jamais,
Si l'on ne vit dans ce monde en paix.

Chantons à l'honneur
De l'aimable vainqueur,
Qui, tout plein d'ardeur
Et de l'amour le plus tendre,
Vient pour nous défendre,
Et prend forme d'un pécheur.   *bis.*
Ne soupirons plus, voici le vrai Messie
Qui vient renverser l'empire de Satan.   *bis.*
Comme un autre enfant,
Il gémit et pleure, il crie ;
Et c'est par ses pleurs
Qu'il détruit nos malheurs.
Qu'il est beau
Cet Agneau !
Qu'il est plein de charmes !
Il combat sans armes,
Et vainqueur dès le berceau,
Il nous dit qu'en vain
Il vient mettre fin
A nos tristes alarmes,
Si des plaisirs les attraits divers
Qui forment nos fers,
Nous sont toujours chers,
Et si désormais
Nous oublions ces bienfaits.
Aimons, respectons, adorons dans ce grand
    mystère,
L'Enfant-Dieu qui vient se rendre anathème
    pour nous,
Qui quitte le ciel, la gloire et le sein de son
    Père,
Pour nous mériter, par sa mort, le sort le plus
    doux.
Pleins d'ardeur,
Louons ce Rédempteur ;
Pleins d'ardeur,
Chantons à son honneur :

Vive, vive le Seigneur !
Sans lui présenter or , myrrhe, encens , ni
diadèmes ,
Ce nouveau pasteur ,
Ce divin Sauveur ,
Ne demande que notre cœur ;
Puisqu'il naît pour nous , vivons, mourons
Pour lui nous-mêmes ;
C'est l'unique bien
Et le moyen
D'arriver tous au ciel.   Amen.

NOEL VII.

Sur l'air : *De la manioro de bien cassa , ou
Aou moundé nou y a un Pastou , etc.*

De quels bruits, de quels beaux concerts
Retentissent les airs !
Les anges chantent dans ce lieu
La paix à l'homme , gloire à Dieu.
Ne craignez rien , pauvre pasteur,
Voici votre Sauveur.
Dans l'étable de Bethléem ,
Près de Jérusalem ,
Le Rédempteur du monde est né ;
Le pécheur n'est plus condamné ,
Il va triompher des enfers,
Il voit briser ses fers.
La paix , la justice , l'amour ,
S'unissent en ce jour ;
La gloire est dans l'obscurité ;
On voit un Dieu sans majesté
Naître dans un humble hameau ;
L'Eternel est nouveau. —
Le souverain Maître des rois

Vient de mourir sur la croix ;
Pour nous délivrer de nos maux,
Il naît entre deux animaux,
Et bientôt il boira le fiel,
 Pour nous ouvrir le ciel.
Courons, pasteurs, adorons tous
 Un Dieu fait chair pour nous ;
Suivons ce merveilleux flambeau
Qui nous conduit à son berceau :
Pour nous il y verse des pleurs,
 Offrons-lui tous nos cœurs.
Puissions-nous l'aimer un jour
 Au céleste séjour !
Seigneur, si votre humanité
Nous cache la divinité,
 Enseignez-nous le vrai moyen
 D'aller au ciel. Amen.

NOEL VIII.

Sur les airs : *Bénissez le Seigneur suprême*,
ou *Nous passons comme une ombre vaine.*

CHANTONS, célébrons la victoire
Du plus aimable des vainqueurs ;
Il vient régner sur tous les cœurs,
 Chantons tous à sa gloire.
Que l'univers se réjouisse,
Tous les pécheurs seront des saints ;
Des chef-d'œuvres de vos mains,
 Seigneur, qu'on vous bénisse.
Chantons, pasteurs, avec les anges,
Pour honorer ce saint Enfant,
Ce Dieu fait chair, ce Dieu naissant,
 Ce Dieu couvert de langes.
Que cet Enfant est admirable !

Pour cacher son immensité,
Pour nous prêcher l'humilité,
Il naît dans une étable.
C'était d'une Vierge féconde
Que devait naître un Rédempteur;
Il vient calmer, par sa douceur,
Le ciel, la terre et l'onde.
Allons, courons avec les mages,
Allons voir ce divin Sauveur;
Pleins de respect, pleins de ferveur,
Rendons-lui nos hommages.
Divin soleil, c'est votre aurore
Qui dissipe et brise nos fers;
Que tout homme dans l'univers
Vous loue et vous adore.

NOEL IX.

Sur l'air : *Je vois l'enfer s'ouvrir.*

Un Dieu descend du ciel,
O prodige ineffable !
Saint, immense, éternel,
Il naît dans une étable,
Et bientôt on verra ce souverain des rois,
Pour sauver les pécheurs, mourir sur une croix.
Quel est mon heureux sort !
Que mon ame est ravie,
Puisqu'un Dieu, par sa mort,
Vient me donner la vie !
Rendons notre hommage à ce divin Sauveur ;
Offrons-lui tous nos biens, offrons-lui notre
cœur ;
Il commence à souffrir
Pour mériter ma grâce;
Au lieu de me punir,

Il se met à ma place.
L'enfer en est jaloux, il se ferme à jamais :
Pourrons-nous oublier, pécheurs, tant de
    bienfaits ?
    Faites, ô mon Sauveur,
    Par qui seul je respire,
    Que pour le vrai bonheur
    Sans cesse je soupire,
Et que dans mes combats, vainqueur et glorieux,
Je puisse un jour régner avec vous dans les cieux !

NOEL X.

Sur un air connu.

PASTEURS, sortez tous du hameau,
Ne craignez rien de vos houlettes ;   *bis.*
Venez tous, avec vos musettes,
Adorer un Enfant nouveau.   *bis.*
   Quel est donc cet Enfant nouveau,
Cent fois plus brillant que l'aurore ?   *bis.*
C'est celui que le ciel adore,
C'est de Dieu l'innocent Agneau.   *bis.*
   Allons voir cet Enfant nouveau,
Laissons nos troupeaux, nos houlettes ;   *bis.*
Courons tous, avec nos musettes,
Adorer ce divin Agneau.   *bis.*
   Cet Enfant, de tous le plus beau,
Mérite nos parfaits hommages ;   *bis.*
Allons donc, avec les rois mages,
Adorer cet Enfant nouveau.   *bis.*
   Périsse plutôt mon troupeau,
Brisé-je cent fois ma houlette,   *bis.*
Si je cesse, sur ma musette,
De louer cet Enfant nouveau.   *bis.*
   Je veux du céleste flambeau

Ne voir plus la clarté parfaite,   *bis.*
Si je cesse, sur ma musette,
De louer cet Enfant nouveau.   *bis.*

NOEL XI.

Sur le même air.

D. DITES-NOUS, innocent Agneau,
    Qui vous fait naître en cette crèche ? *bis.*
R. C'est, hélas ! tout homme qui péche,
    Qui m'a mis dans ce dur berceau.   *bis.*
D. Êtes-vous ce divin Agneau
    Qui doit abolir notre crime ?   *bis.*
R. Oüi, je viens être sa victime,
    Le péché sera mon bourreau.   *bis.*
D. Quel est donc ce monstre nouveau
    Qui demande un sang adorable ?   *bis,*
    Qui fait naître dans une étable
    L'innocent et divin Agneau ?
R. C'est le sang du divin Agneau
    Qui peut seul nous être propice,   *bis.*
    Détruisant toute l'injustice
    Qu'avait fait ce monstre nouveau.   *bis.*

Tous ensemble.

Chantons au divin Agneau,
Chantons sans cesse des louanges ;   *bis.*
Joignons-nous aux concerts des anges
Pour louer cet Enfant nouveau.   *bis.*

NOËL XII.

Sur l'air : *Toute ma vie j'avais jugé l'amour*
une folie , etc.

Dans cette étable ,
Que Jésus est charmant ,
Qu'il est aimable
Dans son abaissement !
Que d'attraits à la fois !
Tous les palais des rois
N'ont rien de comparable
Aux beautés que je vois
Dans cette étable.

Sans le connaître ,
Dans sa douce fierté
Je vois paraître
Toute sa majesté :
Dans cet Enfant qui naît ,
Par un instinct secret ,
Je découvre mon maître ,
Et je sens ce qu'il est
Sans le connaître.

Que sa puissance
Reluit dans ce beau jour ,
Malgré l'enfance
Où le réduit l'amour !
L'enfer déconcerté ,
Notre ennemi dompté ,
Font voir qu'à sa naissance
Rien n'est plus redouté
Que sa puissance.

Plus de misère ,
Un Dieu souffre pour nous ,
Et de son père

Désarme le courroux :
C'est en notre faveur
Qu'il est dans la douleur ;
Pouvait-il, pour nous plaire,
Unir à sa grandeur
Plus de misère ?
    S'il est sensible,
Ce n'est qu'à nos malheurs !
Le froid horrible
Ne cause point ses pleurs :
Après tant de bienfaits,
Notre cœur aux attraits
D'un amour si visible,
Doit céder désormais
S'il est sensible.
    Que je vous aime !
Peut-on voir vos appas,
Beauté suprême,
Et ne vous aimer pas ?
Puissant Maître des cieux,
Brûlez-moi de ces feux
Dont vous brûlez vous-même ;
Ce sont là tous mes vœux,
Que je vous aime !

NOEL XIII.

Sur les airs : *Des Folies d'Espagne*, ou *Voici,
Seigneur*, ou *Reviens, pécheur.*

BERGERS, courez où le ciel vous appelle,
Abandonnez sans peine vos troupeaux :
Ne craignez rien ; désormais sans querelle,
Les loups viendront paître avec les agneaux.
    Un Dieu fait chair vient de paraître au monde
Pour rétablir l'ordre dans l'univers ;

Il vient calmer le ciel, la terre et l'onde,
Et reléguer la discorde aux enfers.

Si vous craignez, bergers, de vous méprendre,
En l'approchant consultez votre cœur,
Et vous n'aurez nulle peine à comprendre
Qu'en lui le ciel vous donne un Rédempteur.

Déjà ce Dieu, dans un corps faible et tendre,
Pour vous s'expose aux injures de l'air;
Sa mère en vain tâche de l'en défendre,
Il veut souffrir les rigueurs de l'hiver.

Mais en quel lieu pensez-vous qu'il veut naître?
Dans une étable, entre deux animaux;
Le signe propre à le faire connaître,
C'est une crèche et de pauvres drapeaux.

Voyez ses yeux toujours remplis de charmes,
Toujours brillans de l'éclat le plus doux;
S'il fond en pleurs, s'il est baigné de larmes,
Songez, bergers, qu'il les verse pour vous.

En attendant qu'en état de victime,
Sur une croix il puisse offrir son sang,
Il veut former, pour laver votre crime,
Un bain sacré des larmes qu'il répand.

Bergers, courez où le ciel vous appelle, etc.

NOEL XIV.

Sur l'air d'un menuet.

RENDEZ vos hommages,
Bergers, devancez les mages;
Donnez au Sauveur des gages
Du plus tendre amour.
Venez reconnaître
Ce divin Maître
Qui vous vient de naître,
Faites-lui la cour.

C'est dans sa faiblesse
Qu'il nous montre sa tendresse,
Et que son amour le presse
A naître pour nous.
Cê Dieu plein de charmes,
Versant des larmes,
Finit nos alarmes,
Et nous sauve tous.

Sa grâce m'inspire
De vivre sous son empire ;
Que tout homme qui respire
Cède à ses attraits.
Comment s'en défendre ?
Il faut se rendre
A cet Enfant tendre,
Prodigue en bienfaits.

Doux Jésus aimable,
Né pour nous dans une étable,
Soyez-nous très-favorable,
Recevez nos cœurs :
C'est le sacrifice
Que la justice
D'un Dieu très-propice
Attend des pécheurs.

NOEL XV.

Sur les airs : *Toujours maman me gronde ;*
ou *Joub coufessi , moun Pero ;* ou *Dans
ma cabane obscure ;* ou *Besi dins la cabano ;*
ou *Réveille-toi , Fidèle ;* ou *Rossignolet qui
chantes ;* ou *Si bous erot stado dessus lou
Mont Ida ;* ou *De mon berger volage ,
j'entends le flageolet , etc.*

CHANTONS sur la musette
Le plus doux des vainqueurs ;
Que l'univers répète
Ses charmes , ses faveurs.
Il borne sa conquête
A régner sur nos cœurs ;
Aimons notre défaite ,
Il détruit nos malheurs.
 Pécheur , prête l'oreille
Et réveille ta foi ;
Ecoute la merveille,
Qui s'accomplit pour toi :
La gloire , la bassesse ,
La justice , l'amour ,
La force , la faiblesse ,
S'unissent en ce jour.
 Une Vierge est la mère
De l'Enfant qui paraît ,
Et le Fils est le père
De celle dont il naît ;
Le Sage est dans l'enfance ,
L'immense en un berceau ,
Le riche en indigence ,
L'Eternel est nouveau.
 Lumière immuable

Est dans l'obscurité ;
L'on voit dans une étable
Le Dieu de majesté ;
Son trône est une crèche,
Sa cour deux animaux ;
Son silence nous prêche,
Sa mort détruit nos maux.

   Quoiqu'il naisse sans armes,
C'est un grand conquérant ;
Satan est en alarmes
Aux cris de cet Enfant :
Sa beauté l'épouvante,
Ses pleurs le font frémir ;
Sa douceur le tourmente,
Son seul nom le fait fuir.

   Achevez le miracle,
Aimable Rédempteur ;
Mon cœur y porte obstacle,
Soyez-en le vainqueur :
Venez fondre sa glace,
Brisez sa dureté ;
Rentrez dans une place
Qui vous a tant coûté.

NOEL XVI.

Sur les précédens.

LA divine présence
Patris ingeniti,
S'est réduite à l'enfance,
Verbi jam cogniti,
Et le souverain Maître
Cœlorum cardinis,
N'a pas dédaigné naître
Ex alvo Virginis.

Le soleil de la grâce
Descendens cœlitus ,
Paraît dans notre race
Cerne reconditus :
En naissant sur la terre
Membris fragilibus ,
Vient déclarer la guerre
Cunctis criminibus.

  L'homme n'est pas son père
Nec esse debuit ;
Mais Marie est sa mère ,
Hunc sola genuit.
Elle se trouve pure ,
Concepto parvulo ,
Et vierge elle demeure ,
Nato puerulo.

  Il naît dans une crèche
Ex mater Virgine ,
Sur de la paille fraîche ,
Absque tegumine ;
Et la plus pauvre étable ,
O res mirabilis !
Est le louvre adorable ,
Principis hnmilis.

  Le soleil que j'adore ,
Indutus corpore ,
Est né de son aurore
In noctis frigore ;
Et le plus beau des astres ,
Nascens in tenebris ,
Répare nos désastres ,
Fulgens in latebris.

  Pour mieux payer nos dettes ,
Est salus hominum ,
Il naît entre deux bêtes ,
Bovem et asinum ,
Et veut rendre son âme

C

Inter supplicia ,
Sur une croix infame ,
Pro nostra gloria.
 Dès qu'il est mis au monde
Est in præsepio ,
Par la Vierge féconde ,
Magno cum gaudio ,
Les anges le proclament
Psalmis et laudibus ;
Les pasteurs le réclament
Donis et precibus.
 Bientôt après on donne
Cùm circumciditur ,
Un nom à sa personne ,
Et Jesus dicitur :
C'est le Sauveur des âmes ,
Jesus hoc explicat ;
C'est Jésus, plein de flammes ,
Amor hoc indicat.
 Une étoile inconnue ,
Formata superis ,
Témoigua sa venue ,
Ut monstra exteris ;
Et trois princes , trois mages
Impletis manibus ,
Lui rendent leurs hommages
Inflexis genibus.
 Courons avec ces princes
Ad hæc mysteria ;
Sans quitter nos provinces ,
Nec domicilia ,
Marchant dessus les traces
Cordis affectibus ,
Cherchons de Dieu les grâces
Nostris operibus.

NOEL XVII.

Sur l'air : *De cap à tu soy, Marioun.*

L'Ange.

BERGERS, quel mystère d'amour
Vous viens-je annoncer en ce jour ?
Le Rédempteur qui vous est donné,
En ce jour fortuné
A Bethléem est né ;
Un Dieu s'est incarné,
Courez avec empressement
Adorer ce divin Enfant.

Un Berger.

Quel bonheur, quel sort glorieux
Nous annonce-t-on dans ces lieux ?
Se peut-il bien que l'Eternel
Descende du ciel
Dans un corps mortel,
Pour sauver Israël ?
Bergers, quittons notre troupeau,
Allons voir cet Enfant nouveau.

L'Ange.

Oui, bergers, le Christ attendu,
Du haut des cieux est descendu :
Il abolit, malgré les enfers,
Les crimes divers
De tout l'univers
Dont il brise les fers.
Ah ! que cette insigne faveur
Doit exciter notre ferveur !

Le Berger.

Ange du ciel, dans quel beau lieu
Trouverons-nous ce fils de Dieu ?
Quel Louvre heureux contient tant d'attraits ?

Quel est le palais
Où le Dieu de paix
Etale ses bienfaits ?
Au même instant nous irons tous
Nous prosterner à ses genoux.

L'Ange.

De Dieu , les desseins éternels
Diffèrent de ceux des mortels :
Pour subvenir à votre besoin ,
Il naît dans un coin
Sur un peu de foin ,
Sans toit , sans feu , sans soin ;
Pour mettre fin à vos maux ,
Il naît entre deux animaux.

L'Ange.

Entendez , bergers, quel séjour
Lui fait choisir son tendre amour :
Pour nous laver de l'iniquité ,
Ce Dieu de bonté ,
Par humilité ,
Prend notre humanité ;
Allons à ce divin Sauveur
Faire hommage de notre cœur.

NOEL XVIII.

Sur l'air : *Préparons-nous.*

RASSEMBLONS-NOUS dans ces douces retraites ;
Prenons nos hautbois , nos musettes ,
Mêlons, mêlons nos voix au son des chalumeaux,
Chantons , chantons nos airs les plus nouveaux.
Le Roi des rois a quitté son tonnerre ,
Son Fils rend la paix à la terre :
Le ciel nous est propice, il calme son courroux
Sitôt qu'il voit son Maître parmi nous.

Il vient à nous : c'est l'amour qui l'appelle
Du sein de la gloire immortelle.
Ah ! que ce jour pour nous est un jour glorieux !
La terre enfin s'unit avec les cieux.

Solennisons par des cris d'allégresse,
L'excès de l'amour qui le presse ;
Il vient naître ici-bas pour sauver l'univers :
Tout son dessein, c'est de briser nos fers.

Oh ! quel bonheur ! et qui peut le comprendre ?
Quels biens ce grand Dieu va nous rendre ?
Pour nous donner la vie, il vient souffrir la mort,
Et du naufrage il va nous mettre au port.

Affreux tyran de l'empire des ombres,
Gémis dans ces creux les plus sombres :
C'est redoubler tes maux que de combler nos
   vœux ;
Notre bonheur te rend plus malheureux.

Il est ton maître, il s'oppose à ta rage ;
C'est lui qui commande à l'orage :
Les flots que tu formas se calment à sa voix,
Et les enfers fléchissent sous ses loix.

Nous triomphons, et tu vois notre gloire :
Nos chants sont des chants de victoire,
Et par un heureux sort dont tu deviens jaloux,
Le Tout-Puissant a combattu pour nous.

Il veut lui-même expier notre crime ;
Lui-même il en est la victime :
Pour apaiser son Père, il daigne s'immoler ;
Je vois son sang déjà prêt à couler.

Ah ! puisqu'enfin son heureuse naissance
Nous rend notre chère innocence,
Pour n'être pas ingrats après tant de bienfaits,
Gardons-la mieux, ne la perdons jamais.

Monstre cruel, seul auteur de nos peines,
Péché, nous sortons de tes chaînes ;
C'est trop long-temps gémir dans la captivité,
Ce jour heureux nous rend la liberté.

Dieu rédempteur qui finis nos alarmes,
Qu'après ce bonheur plein de charmes,
L'amour qui vous a fait naître pour les pécheurs,
Puisse à jamais régner dans tous les cœurs !

NOEL XIX.

Sur l'air : *De Barnabas.*

DIALOGUE DES ANGES ET DES PASTEURS.

Les Anges.

PASTEURS qui soupirez
Faisant vos brebis paître,
Ce Dieu tant désiré
Qui vous a donné l'être,
Parmi vous vient de naître :
Quel est votre bonheur !
Allez le reconnaître
Pour vôtre Rédempteur.

Pasteurs, il vous est né
Le fils du Roi sublime;
L'enfer est consterné
Jusqu'au fond de l'abîme.
L'innocente victime
Vient, comme un autre Abel,
Réparer votre crime,
En se rendant mortel.

Un autre Ange.

Je suis l'ambassadeur
Envoyé par le Père
Dé votre Rédempteur ;
Apprenez le mystère
Qu'en ce jour vient se faire :
Pour combler tous nos vœux,
Marie devient mère

Du monarque des cieux.
Les Pasteurs.

Des cieux, chers habitans,
Dites-nous, je vous prie,
Si ce divin Enfant
Qui nous donne la vie,
A quitté sa patrie
Et son Père éternel,
Pour être, par Marie,
Mis au rang des mortels?
Les Anges.

Votre curiosité
Nous voulons satisfaire:
Par sa pure bonté,
Le fils de Dieu le père
Naît dans cet hémisphère,
Pour votre iniquité,
Accablé de misère
Sans l'avoir mérité.
Les Pasteurs.

Accourons promptement,
Pasteurs, à cette étable;
Allons, en méditant
Ce mystère ineffable,
Voir l'Enfant adorable
Qui tarit de nos maux
La source inévitable,
Entre deux animaux.
Les Pasteurs arrivés à l'étable, disent:

O divin Rédempteur
Qui faites nos délices,
De ces pauvres pasteurs
Recevez les services!
Le cœur en sacrifice
Qu'ils viennent vous offrir,
A jamais de tout vice
Daignez les garantir.

NOEL XX.

Sur l'air : *Du système ;* ou *Ton humeur est,*
Catherine ; ou *Un Dieu vient se faire*
entendre ; ou *Profitez de sa jeunesse ;* ou
Rare beauté que j'adore ; ou *L'amant*
frivole et volage ; ou *Des amans le plus*
fidèle , etc.

QUEL bonheur inestimable !
L'Eternel, le Tout-Puissant,
Par un prodige admirable,
Vient pour nous se faire enfant.
Jour heureux, jour favorable,
Ah ! que notre sort est doux !
Gloire à ce Sauveur aimable
Qui vient de naître pour nous !

Que partout l'air retentisse
De nos chants en ce saint jour ;
Que toute langue bénisse
Ce Sauveur tout plein d'amour.
Jour heureux, etc.

Du haut du trône suprême
Qu'il occupe dans les cieux,
Ah ! c'est ainsi qu'il nous aime,
Il descend en ces bas lieux.
Jour heureux, etc.

Dans cet état de misère,
Faible et mortel comme nous,
D'un Dieu vengeur et sévère,
Il désarme le courroux.
Jour heureux, etc.

Par sa désobéissance,
L'homme, hélas ! s'était perdu ;
Par cette heureuse naissance,

Le démon est confondu.
Jour heureux, etc.

Accourons tous à la crèche
Pour y contempler Jésus ;
Sans parler, il nous y prêche
Les plus aimables vertus.
Jour heureux, etc.

Voyant un Dieu dans l'enfance,
Qui ne doit s'anéantir ?
Le voyant dans la souffrance,
Qui ne voudra point souffrir ?
Jour heureux, etc.

Pauvreté si misérable
Pour ceux qui n'ont point de foi,
Jésus, né dans une étable,
Te rend charmante pour moi.
Jour heureux, etc.

Mais qui pourra reconnaître
Les bienfaits d'un Dieu sauveur ?
Pour l'aimer comme il doit l'être,
Aurons-nous assez d'un cœur ?

A ce Dieu si débonnaire,
Consacrons-nous aujourd'hui ;
Ne cherchons plus qu'à lui plaire,
Ne vivons plus que pour lui.

NOEL XXI.

Sur le même air.

Ce beau jour qui nous éclaire
Est le grand jour du Seigneur ;
Il apaise sa colère
Pour sauver l'homme pécheur :
Il prépare un sacrifice
En faveur du genre humain ;

Sur le bord du précipice,
Sa bonté nous tend la main.

N'ayons point de vaine gloire
Dans un sort si glorieux ;
Ce n'est pas notre victoire
Qui nous fait monter aux cieux :
Rentrons dans notre bassesse
A l'aspect d'un si grand bien ;
Nous ne sommes que faiblesse,
Et nos œuvres ne sont rien.

Le salut que nous accorde
Ce Dieu notre unique appui,
Vient de sa miséricorde,
L'homme ne peut rien sans lui :
C'est l'ouvrage de la grâce,
Dont les traits sont triomphans ;
Dieu finit notre disgrace,
Et nous tient pour ses enfans.

Il nous cherche, il nous appelle,
Cet aimable Rédempteur ;
Son esprit se renouvelle
Dans le fond de notre cœur :
Il est la source féconde
Des biens qui nous sont promis,
Et dans nous sa grâce abonde
Plus que le péché commis.

Cette grâce justifie
Ceux qui marchaient sur ses pas ;
Son flambeau nous vivifie
Dans les ombres du trépas :
Elle nous rend l'héritage
Qui pour nous était perdu ;
En voyant ce grand ouvrage,
Tout l'enfer est confondu.

Ce n'est pas un Dieu frivole
Qui préside à nos desseins ;
Le vrai Dieu tient sa parole,

Ses oracles sont certains :
Aspirons à ses largesses ,
Elles combleront nos vœux ;
Sur la foi de ses promesses ,
Nous pouvons nous croire heureux.

NOEL XXII.

Sur l'air de la Pastourale d'Artigueloutaà ,
 ou *Adieu donc , tyran Antiochus.*

  ALLONS , bergers , accourons tous ,
Un Dieu vient de naître pour nous :
  C'est le fils de Marie.
Adorons tous , dans ce moment ,
Ce Dieu fait chair , ce Dieu naissant
  Qui nous donne la vie.
 Le nouvel astre de la nuit
Qui nous éclaire et nous conduit ,
  Nous ouvre la carrière :
Non , jamais jour ne fut plus beau ;
Suivons ce merveilleux flambeau ,
  Marchons à sa lumière.
 La joie éclate dans les cieux ,
J'entends le concert glorieux ,
  La paix vient sur la terre :
Tout chante un Enfant rédempteur ,
Tout nous instruit de la grandeur
  Du Maître du tonnerre.
 Au son de nos chalumeaux ,
Venez , bergers de ces hameaux ,
  Accordez vos musettes ;
Que par mille nouveaux accords ,
Nous fassions retentir ces bords
  Du bruit de ses conquêtes.
Je vois déjà ce Dieu naissant ,

Dans un état pauvre et souffrant ,
 Couché dans une crèche :
Il gémit , il répand des pleurs ;
C'est ainsi , pour toucher nos cœurs ,
 Que son amour nous prêche.
 De ce Maître de l'univers ,
Mon cœur déjà porte les fers ,
 Mon amour est extrême.
Je renonce à ma liberté :
Pour vivre en sa captivité ,
 Je renonce à moi-même.
 Dans ce pauvre et triste séjour
Où vous a conduit votre amour ,
 Que vous avez de charmes !
Tout nous apprend à vous aimer ;
Tout en vous a su nous charmer ,
 Seigneur , jusqu'à vos larmes.
 Aimable Enfant , maître des cieux ,
De nos cœurs recevez les vœux ,
 Recevez notre hommage ;
Nous sommes soumis à vos loix ;
Vous seul , l'objet de notre choix ,
 Serez notre partage.
 Vous assurez notre repos ,
Vous portez remède à nos maux ,
Vous finissez nos peines ;
Par vous l'enfer est désarmé ,
Notre cœur n'est plus alarmé ,
 Il sent briser ses chaînes.

NOEL XXIII.

Sur l'air : *Que je regrette mon amant ;* ou *D'une Litanie ;* ou *Avez-vous vu votre intendant?* ou *Caligula ,* etc.

QUEL prodige ! un Dieu rédempteur ,
Pénétré de notre misère ,
Par les larmes et la douleur ,
Du ciel désarme la colère :
Aimons , louons ce Rédempteur
Qui fait ainsi notre bonheur.

Peuples de la terre , chantez ;
Cieux , ouvrez-vous à son passage :
Il vient signaler ses bontés ,
Et détruire notre esclavage.
Bénissons tous ce Rédempteur
Qui fait ainsi notre bonheur.

La tendresse conduit ses pas ,
Et de son empire admirable ,
La douceur ne finira pas.
Ah ! que notre sort est aimable !
Chérissons tous ce Rédempteur
Qui fait ainsi notre bonheur.

Allons admirer ses attraits
Au lieu même de sa naissance ;
On peut y contempler les traits
Les plus marqués de sa puissance.
Célébrons tous ce Rédempteur
Qui fait ainsi notre bonheur.

Divine crèche , lieu charmant ,
Vous m'offrez l'objet le plus tendre ;
Un Dieu , sous les traits d'un enfant ,
Amour , où le fais-tu descendre ?
Admirons tous ce Rédempteur

Qui fait ainsi notre bonheur.

 Régnez à jamais sur nos cœurs,
Régnez-y, Sauveur adorable,
Vous qui, par vos rares faveurs,
Signalez votre règne aimable.
Chantons ce divin Rédempteur
Qui fait ainsi notre bonheur.

NOEL XXIV.

Sur l'air : *Quant à Margot, j'offre mon godebec,* ou *Quand le bon vin meuble mon estomac.*

CHANTONS, chantons à haute voix Noël;
 Honneur et gloire à l'Eternel,
 Sur la terre et dans le ciel !
 Une Vierge incomparable
 Accouche dans une étable
  Le Dieu d'Israël
 Qui vient pour délivrer le mortel
  Du sort le plus cruel :
 C'est notre Emmanuel,
 Il souffre comme un criminel,
 Innocent comme Abel.
Allons donc voir cet adorable Enfant,
Qui, quoique faible et tout tremblant,
 Est un Dieu tout-puissant,
 Rempli pour nous de tendresse :
 Un excès d'amour le presse
  De verser son sang,
Offrons-lui nos cœurs pour tout présent;
 Dans cet état souffrant,
 De la mort triomphant,
Il vient pour nous en conquérant,
 Ouvrir le firmament.

Divin Jésus, c'est votre charité
    Qui fait que vous avez quitté
     De la divinité
    L'éclat, la splendeur, la gloire :
    Vous faites notre victoire,
     Dieu de sainteté.
C'est par vous que l'homme est racheté,
    Notre ennemi dompté
    Par votre humilité :
    Votre heureuse nativité
    Nous rend la liberté.
Que notre sort est un sort glorieux !
    Nous voyons naître en ces bas lieux
    Le grand Maître des cieux :
    Son berceau n'est qu'une crèche ;
    Par ses larmes, il nous prêche
    Qu'il naît sous vos yeux
Pour sauver, par des tourmens affreux,
    Les hommes malheureux
    Qui font pour lui les vœux.
    D'un amour tendre et généreux,
    Il vient les rendre heureux.
Courons, bergers, quittons notre troupeau,
    Suivons ce merveilleux flambeau
    Qui mène à son berceau :
    Une Vierge devient mère
    De son véritable père ;
     Elle est ce marteau
    Qui devait pour ce fatal morceau,
     Ecraser le cerveau
    De l'infernal bourreau
    Qui voulait creuser un tombeau
    Pour l'innocent Agneau.
Aimons, louons cet aimable Sauveur ;
    Pleins de respect, pleins de ferveur,
    Chantons à son honneur :
    Vive, vive le Messie,

Vive ce beau fruit de vie,
Vive le Seigneur,
Qui, touché de la mort du pécheur,
Est né dans la douleur
Pour faire son bonheur !
Sous la forme d'un serviteur,
C'est notre Rédempteur.

NOEL XXV.

Sur l'air : *Magré la bataille*, ou *Lou mati dab joyo*, etc.

CHANTONS les louanges
D'un Dieu plein d'amour ;
Imitons les anges,
Dans un si grand jour.
Avec leurs trompettes,
Mêlons nos hautbois,
Et dans nos retraites,
Elevons nos voix.
Jésus vient de naître
Pour nous rendre heureux ;
Il fait disparaître
Tous nos soins fâcheux :
Nos plaintes finissent,
Nous sortons des fers ;
Les airs retentissent
De nos doux concerts.
Que chacun s'assemble
Dans ces lieux charmans ;
Montrons tous ensemble
Nos empressemens :
Que l'écho fidèle,
Du fond de nos bois,
Voyant votre zèle,

4

Réponde à nos voix.

Que tout soit sensible
A notre bonheur ;
Que l'hiver terrible
Calme sa rigueur !
Que tous ces bocages,
Ces prés, ces vallons,
Bravent les ravages
Des fiers aquilons.

Paisibles fontaines,
Tranquilles ruisseaux,
Faites sur nos plaines
Serpenter vos eaux.
Qu'à ce doux murmure,
Le charmant printemps
Rende la verdure
Et les fleurs aux champs.

Pourquoi tant attendre,
Aimables oiseaux,
De nous faire entendre
Vos concerts nouveaux ?
De nos saints hommages
Devenez jaloux ,
Et dans vos ramages
Louez Dieu pour nous.

Brebis innocentes,
Et vous chers moutons,
Sur les fleurs naissantes
Faites mille bonds :
Que tu vas paître ,
Trop heureux troupeau !
Il te vient de naître
Un Pasteur nouveau.

Oh ! quelle allégresse
Règne en ces bas lieux !
Chacun s'intéresse
Dans nos chants joyeux.

A peine on voit luire
Ce jour fortuné,
Que tout semble dire :
Le Sauveur est né.
　Un Dieu vient de naître,
O l'aimable jour !
Allons reconnaître
Son divin amour :
Que chacun lui rende
Des soins amoureux,
Et que l'on n'entende
Que des chants heureux.
　Après le naufrage,
Quel est notre sort ?
Il n'est plus d'orage,
Nous rentrons au port :
Un Dieu plein de charmes
Daigne nous aimer ;
N'ayons plus d'alarmes,
Il vient les calmer.
　S'il voit notre crime,
C'est pour s'en charger
Comme une victime
Qu'on doit égorger :
Notre premier père
Nous avait perdus ;
Mais du sort contraire
Ne nous plaignons plus.
　Dans un jour de fête,
Pourquoi soupirer ?
Que chacun s'apprête
A le célébrer :
Cessons de nous plaindre
Du ciel en courroux ;
Qu'avons-nous à craindre ?
Dieu même est pour nous.
　Que dans ces retraites

Tout chante à la fois,
Prenons nos musettes,
Prenons nos hautbois :
Que l'écho réponde
A nos chants heureux ;
Le Sauveur du monde
Vient combler nos vœux
    Nous sortons des chaînes
Malgré les enfers ;
Leurs fureurs sont vaines
Contre l'univers :
Quel effort extrême
Fait un faible Enfant !
Dans le berceau même,
Il est triomphant.

NOEL XXVI.

Sur l'air : *Aimable vainqueur.*

    Le Maître des cieux
Vient naître en ces lieux,
Qu'on chante sa gloire ;
De sa victoire
Remplissons les airs :
S'il veut descendre,
C'est pour nous défendre,
Pour briser nos fers.
    Il borne le cours
D'un triste esclavage ;
Il est dans l'orage
Notre seul recours :
Ennuis, langueurs,
Sortez de nos cœurs,
La paix éternelle
Enfin nous appelle :

Quel prix de nos pleurs !
O jours heureux !
La gloire immortelle
Va combler nos vœux.
Tyran des enfers,
Nous sortons des fers :
Il n'est plus d'alarmes,
Tout a des charmes
Dans ces heureux jours.
Ta rage est vaine,
Redouble ta peine,
Gémis à ton tour.
Un Dieu plein d'appas,
Enfin nous éclaire ;
Il nous sert de père,
Nous suivons ses pas.
Va loin de nous
Porter ton courroux ;
Le Dieu du tonnerre
Te livre la guerre,
Redoute ses coups :
L'heureuse paix
Revient sur la terre,
O Dieu, quels bienfaits !

NOEL XXVII.

Sur l'air : *Mon timide amant toujours*
soupire.

GLOIRE dans les cieux
A l'Etre immense
Qui, par sa clémence,
Daigne enfin remplir nos vœux !
Il répand la paix
Pour jamais :

Sur la terre
Il n'est plus de guerre
Qu'aux enfers ;
Le Dieu du tonnerre
Rompt nos fers.
O Dieu d'Israël,
Qu'on vous adore !
Qu'on bénisse encore
De l'aimable Emmanuel,
Le très-saint amour,
Nuit et jour ;
Que les anges,
Chantent dans les cieux,
Et l'homme ses louanges
En tous lieux.
Quittons nos troupeaux
Et nos houlettes ;
Que nos musettes
Fassent redire aux échos :
Gloire au Roi des rois
Mille fois !
Qu'on l'adore
Partout où l'aurore,
Dans son char,
Du soleil arbore
L'étendard.
Chantons à l'honneur
De ce Dieu tendre,
Qui, pour nous défendre,
Vient naître dans la douleur.
Que tout l'univers,
De nos airs
Retentisse,
Et que tout bénisse
Ce Sauveur :
C'est le Dieu propice
Du pécheur.

Nous sommes vainqueurs
Par sa victoire ;
Il fait notre gloire
En versant des pleurs.
Ce divin Enfant,
Tout tremblant,
Dans la crèche,
Saintement nous prêche
Qu'un mortel,
Au moment qu'il péche,
Perd le ciel.
O divin Jésus !
Par votre grâce
Brisez cette glace
Qui refroidit nos vertus ;
Que par vos bienfaits,
Vos attraits,
Vos doux charmes,
Cessent les alarmes
Dans nos cœurs ;
Lavez, par vos larmes,
Les pécheurs.

NOEL XXVIII.

Sur l'Air : *Cherchons la paix dans cet asile.*

Que l'univers se réjouisse ;
Que la joie éclate en ces lieux !
Le ciel enfin nous est propice,
Tout se prépare à nos vœux.
Du saint amour, le sacrifice
Rend pour jamais les mortels heureux.
Celui dont l'air, la terre et l'onde
Célèbrent le divin pouvoir
Pour le salut de tout le monde,

Dans une crèche aujourd'hui se fait voir :
Le sein d'une Vierge féconde
Remplit les cœurs du plus solide espoir.

Déjà dans l'air on voit paraître
Un astre plus beau que le jour,
Formé pour nous faire connaître
Quel est d'un Dieu le surprenant séjour.
Dans une étable, il daigne naître
Pour contenter l'excès de son amour.

Trois sages rois quittent leur louvre
Pour s'avancer à la faveur
De ce beau feu qui leur découvre
Du Tout-Puissant la gloire et la splendeur ;
Par les déserts un chemin s'ouvre,
Pour les conduire au berceau du Sauveur.

O l'heureux jour où le Messie
Se manifeste tel qu'il est !
Les rois, selon la prophétie,
En l'adorant remplissent leur objet,
Et les trésors de l'Arabie
Lui sont offerts presqu'aussitôt qu'il naît.

L'encens offert en son enfance,
Reconnaît sa divinité ;
La myrrhe annonce sa clémence,
L'or rend hommage à son humanité :
On voit éclater sa puissance
Par tous les traits de son infirmité.

Allons, courons avec les mages
Faire la cour au Roi des rois ;
Offrons nos cœurs et nos hommages
A son amour seul digne de nos choix :
Tout autre soin nous rend peu sages,
Ne pensons plus qu'à vivre sous ses loix.

Mêlons nos voix aux chœurs des anges,
Et mettons fin à nos soupirs ;
Du Fils de Dieu chantons les louanges,
Nous possédons l'objet de nos désirs ;

Qu'il soit l'objet de nos louanges,
Qu'il soit au ciel l'objet de nos plaisirs.

NOEL XXIX.

Sur l'Air : *Vartigué, monsieur le Curé.*

QUAND je voi
Mon Maître et mon Roi
Naître pour moi,
Je chante, en vertu de ma foi,
Que c'est l'amour
Qui met en ce jour
Ce saint Enfant, ce Dieu tout-puissant,
Jusques au néant.
Quoiqu'éternel, comme mortel,
Il vient souffrir pour sauver Israël :
C'est le vrai Dieu, le Rédempteur
De tout pécheur qui souffre la rigueur
D'une insupportable froideur.
Quoiqu'il soit notre Créateur,
Pour souffrir tous ces maux,
Evénement bien surprenant !
Un Dieu sans commencement
Semble commencer en naissant.
Amour, tu nous causes ce bien ;
Tu rompts le dur lien
Qui, depuis la chute d'Adam,
Nous tenait captif de Satan.
Chantons tous : O jour fortuné !
Notre libérateur est né ;
Naissance
De notre liberté,
Heureuse et fortunée offense,
Puisque la divinité
S'unit dans ce mystère à notre humanité !

5

Heureux sort ! vainqueur de la mort,
Sans nul effort nous arrivons au port.
C'est à minuit
Qu'un beau soleil luit.
Dans tous nos champs, des anges chantans,
Disaient aux paysans :
Venez, venez, gens fortunés,
Soyez ravis et soyez étonnés ;
Venez donc voir d'un Dieu mortel
Le sort cruel ; plus innocent qu'Abel,
Il s'offre comme un criminel :
Une étable lui sert d'hôtel ;
Par un excès d'amour,
Il choisit ce triste séjour.
Evénement bien surprenant !
Un Dieu d'une Vierge est né,
Sans blesser sa virginité.
Marie voit en ce moment
Son père et son enfant,
Son maître et son divin Seigneur,
Et des hommes le Rédempteur :
Cette merveille la ravit,
Elle l'adore et le chérit.
Naissance
De notre chère liberté,
Heureuse et fortunée offense,
Puisque la divinité
S'unit dans ce mystère à notre humanité !

NOEL XXX.

Sur l'air : *Noël, pour l'amour de Marie*, ou
Eveillez-vous, belle endormie, etc.

Voici cette heureuse journée
Qui met fin à tous nos soupirs ;

Voici la sagesse incarnée
Qui vient remplir tous nos désirs.

Joignons nos voix aux chœurs des anges ;
Comme eux , chantons avec ferveur,
Du Verbe incarné les louanges :
Marie enfante un Dieu Sauveur.

O divine métamorphose !
Un Enfant devient toute chose,
L'Etre premier s'anéantit.

Le Créateur est créature,
Le Tout-Puissant cherche un soutien ;
Ce Monarque impassible endure,
Et le maître de tout n'a rien.

Nos yeux découvrent l'invisible,
L'immense est dans un coin ;
On comprend l'incompréhensible,
Le Dieu de gloire est sur du foin.

On voit le sage dans l'enfance,
L'Eternel est sujet au temps ;
La parole est dans le silence,
Et la joie aux gémissemens.

Une fille produit son père ,
La source naît de son ruisseau ;
Marie est une Vierge mère
Par un prodige tout nouveau.

Mais cette mère sans seconde ,
Augmente sa virginité ,
En enfantant l'auteur du monde,
Sans blesser son intégrité.

Sitôt que cette belle aurore
Voit son Dieu , son fils , son soleil ,
Entre ses bras elle l'adore ,
Pleine d'un respect sans pareil.

La tendre mère qui l'embrasse,
Et qui le nourrit de son lait,
Trouve en lui la source de grâce,
Son Fils à son tour l'en repaît.

Le ciel descend jusqu'à la terre,
La terre monte jusqu'aux cieux;
Chacun voit le Dieu du tonnerre
Descendre et naître en ces bas lieux.
    Une étable est un sacré temple,
Une crèche est un saint autel;
Que tout homme adore et contemple
L'immortel devenu mortel.

NOEL XXXI.

Sur l'air : *Du carrillon des cloches de l'Isle-
en-Jourdain;* ou *Fillos qui croumpat l'holi
caromen;* ou *Eh! d'où viens-tu, compère le
bossu?* etc.

D'un Dieu naissant, célébrons les appas,
    Solennisons la fête;
    Ne craignons plus le trépas,
    Satan voit sa défaite;
      Son vainqueur
    Attend qu'en son honneur
    Chacun prenne sa musette.
Affreux tyran, gémis; retire-toi
    Dans tes creux les plus sombres;
    Nous n'avons plus notre Roi
    Dans l'empire des ombres :
      C'est Jésus
    Qui vient de ses élus
    Nous faire augmenter le nombre.
De nos malheurs nous perdons désormais
    La fâcheuse mémoire;
    Un Dieu nous donne sa paix,
    Et nous promet sa gloire :
      Heureux sort!
    Nous arrivons au port,

Nous pouvons chanter victoire.
Pour imiter les merveilleux concerts
De la troupe angélique,
Faisons retentir les airs
Du plus fervent cantique.
Pleins d'ardeur,
Chantons ce Rédempteur
Qu'une étoile nous indique.
Le Roi des rois, du ciel est descendu
Selon la prophétie ;
C'est le Christ tant attendu,
C'est le divin Messie ;
Allons le voir
L'objet de notre espoir,
Qui vient nous donner la vie.
De notre amour pour ce divin Enfant,
Allons donner des gages ;
Prénons l'empressement
Des saints et pieux mages,
Qui viendront,
Et d'abord offriront
Leurs présens et leurs hommages.
Divin Jésus, c'est un excès d'amour
Que l'on ne peut comprendre,
Qui, dans ce triste séjour,
Vous engage à descendre ;
Du pécheur
Vous plaignez le malheur,
Vous venez pour le défendre.
Vous descendez, Seigneur, du firmament
Pour naître dans l'étable ;
Pour rendre l'homme innocent,
Vous paraissez coupable :
Dans les cieux
Et sur la terre, en tous lieux,
Gloire à ce Sauveur aimable !

NOEL XXXII.

Sur l'air : *Jean de Bigorro, moun amic.*

L'Ange.

BERGERS, quittez tous vos troupeaux,
Abandonnez là vos houlettes ;
Joignez au son des chalumeaux,
Celui de vos tendres musettes,
Et chantez sur des airs nouveaux,
Du Sauveur les bontés parfaites,
Qui, pour finir nos travaux,
Naît entre deux animaux.

Les Bergers.

Ah ! que notre bonheur est grand,
Si c'est le Fils de Dieu le Père
Qui vient, dans un état souffrant,
Mettre fin à notre misère !
Apprenez-nous, ange charmant,
S'il est né dans cet hémisphère,
Pour être bientôt triomphant
Des efforts du vieux serpent.

L'Ange.

Cet Enfant, plein d'humilité,
Pour racheter la créature,
Est venu dans la pauvreté
Se couvrir de votre figure ;
Pour votre iniquité,
Il est étendu sur la dure,
Et quitte sa divinité
Pour nous mettre en liberté.

Les Bergers.

Mais par quel sort disgracieux
Cache-t-il sa divine essence,
Puisqu'il veut naître sous nos yeux,

Et faire pour nous pénitence ?
Au plus charmant de tous les lieux,
A-t-il donné la préférence ?
Quel est le louvre glorieux
Qui contient le Roi des cieux ?

L'Ange.

Vous le trouverez sur du foin,
Couché dans une vieille étable :
Dans un misérable coin,
Que son état est déplorable !
Allez donc, ne différez point,
Soulager l'Enfant adorable ;
Son tendre amour et ses besoins
Méritent nos plus grands soins.

Les Bergers.

Courons, bergers, à ce Sauveur
Qui vient finir notre esclavage ;
Il est pour nous dans la douleur,
Portons-lui notre laitage.
Pleins de respect, pleins de ferveur,
Allons lui rendre notre hommage ;
Nous lui dirons : Dieu Rédempteur,
Soyez propice au pécheur.

NOEL XXXIII.

Sur l'air de l'ancienne tragédie d'Artigoloutaà :
Notre général vainqueur, ou *de la Chanson
de l'Enfant prodigue.*

J'ENTENDS retentir les airs
Des plus merveilleux concerts ;
Les anges, pleins d'allégresse,
Viennent d'apprendre aux pasteurs,
Qu'un Sauveur, plein de tendresse,
Est né pour tous les pécheurs.

Une étable est son château,
Une crèche est son berceau :
Il choisit ce pauvre louvre
Pour prêcher l'humilité ;
Une étoile nous découvre
Sa sainte nativité.

Dans la plus brillante nuit,
Une Vierge l'a produit ;
De cette divine aurore
Dont l'éclat est sans pareil ,
Celui que le ciel adore
Est né comme son soleil.

Célébrons avec ferveur
La naissance du Sauveur ;
Pour nous il n'est plus de guerre :
O que notre sort est doux !
La paix règne sur la terre,
Dieu même a vaincu pour nous.

Heureux moment, heureux jour,
Auquel naît ce Dieu d'amour !
Une Vierge est Vierge mère
Par un prodige tout nouveau ;
Son fils est son vrai père,
Allons le voir au berceau.

Allons voir le Tout-Puissant
Sous la forme d'un enfant :
Ce n'est point un Dieu frivole
Qui vient de naître sous nos yeux ;
Il soutient par sa parole,
La terre, la mer, les cieux.

Nous verrons le Roi des rois
Mourir pour nous sur la croix :
Il prépare un sacrifice
En faveur du genre humain ;
Sur le bord du précipice,
Sa bonté nous tend la main.

Quel étrange changement

Cause ce divin Enfant !
Lorsqu'Adam mangea la pomme ,
Pour nous le ciel fut perdu ;
Par la mort d'un Dieu fait homme ,
Le ciel nous sera rendu.

   O l'aimable ! ô l'heureux sort !
Nous allons rentrer au port :
Cet Enfant rempli de charmes
Plaint notre captivité ;
Il vient finir nos alarmes ,
Et nous mettre en liberté.

   Adorable Rédempteur ,
Soyez propice au pécheur ;
Puisque c'est votre victoire
Qui nous rend victorieux ,
Donnez-nous , pour votre gloire ,
Quelque place dans les cieux.

NOEL XXXIV.

Sur l'air : *Jean , ce sont vos rats.*

HEUREUSE nouvelle
Qu'on vient d'annoncer !
Dieu prend chair mortelle
Pour nous racheter.
Courons , pasteurs ,
En réjouissance ,
Courons , pasteurs ;
Offrons-lui nos cœurs ;
Laissons nos troupeaux ,
Courons au lieu de sa naissance ,
Laissons nos troupeaux ,
Pour voir un Dieu dans un berceau.

   Quel profond mystère !
Pour nous , quel bonheur !

Une Vierge est mère
De son Créateur :
Cet heureux temps
Prédit par nos pères,
Cet heureux temps
Nous rend triomphans.
Le Christ attendu ,
Pour mettre fin à nos misères,
Le Christ attendu ,
Du haut des cieux est descendu.
    C'est dans une étable,
Par un excès d'amour,
Qu'un Sauveur aimable
Choisit son séjour :
Allons le voir,
Car il est notre maître ;
Allons le voir ,
C'est notre devoir.
Ne tardons plus ,
C'est un Dieu qui vient de naître,
Ne tardons plut,
Allons voir le divin Jésus.
    C'est lui qui nous lave
Du forfait d'Adam ,
Faisant d'un esclave
Un fils d'Abraham :
Accourons tous
Dès cette même heure ,
Accourons tous,
Un Dieu naît pour nous.
Courons dès ce pas ,
Allons le voir dans sa demeure ;
Courons dès ce pas ,
Allons voir un Dieu plein d'appas.
    Il n'est plus de guerre :
C'est un Dieu de paix
Qui vient sur la terre

Verser ses bienfaits ;
Que l'univers
Chante ses louanges,
Que l'univers
Soit plein de concerts.
Elevons nos voix,
Joignons nos chants à ceux des anges ;
Elevons nos voix,
Pour honorer le Roi des rois.
  Tes fureurs sont vaines,
Tyran des enfers ;
Nous sortons des chaînes,
Nous brisons nos fers.
C'est cet Enfant,
Tout rempli de charmes ;
C'est cet Enfant,
C'est ce Dieu naissant,
Qui vient, par ses pleurs,
Sécher la source de nos larmes,
Qui vient, par ses pleurs,
Mettre fin à tous nos malheurs.

NOEL XXXV.

Air nouveau.

RÉJOUIS-TOI,
Sion, car voici ton Roi :
  Quel avantage !
Dieu te tire d'esclavage.
  Cette nuit
Bethléem produit
Le Dieu promis à nos ancêtres :
C'est le grand Roi maître de l'univers ;
  Faites retentir les airs,
  Tribus, lévites, saints prêtres,

De mille et mille concerts.
Chante, Israël,
Chante mille fois Noël ;
Que ton zèle
Eclate à cette nouvelle :
Quel bonheur,
Que ton Créateur
Naisse pour te tirer des chaînes
Où tes péchés t'ont mille fois jeté !
Adore, aime sa bonté,
Puisque, pour finir tes peines,
Il prend notre humanité.
Venez, pasteurs,
Venez chanter ses douceurs ;
Chantez sa gloire
Et bénissez sa mémoire ;
Son seul but
C'est votre salut :
C'est pour vous qu'il naît dans l'étable,
Tremblant de froid entre deux animaux ;
Faites redire aux échos :
C'est le Sauveur adorable
Qui met fin à tous nos maux.
Jeunes enfans,
Dans tous vos jours innocens,
Chantez sans cesse
Son amour et sa tendresse ;
Ses bienfaits
Seront désormais
Tout le sujet des louanges.
Dieu bénira des desseins pieux ;
Venez voir le Roi des cieux,
Et chantez, avec les anges,
Cent cantiques glorieux.

NOEL XXXVI.

Sur l'air : *Petitino bos aima lou Petitou.*

DESCENDEZ de ces rochers,
Jeunes bergers ;
Abandonnez vos troupeaux
Sur ces côteaux ;
Les anges qui les verront ,
Les garderont :
Venez voir un Enfant-Dieu
Dans ce bas lieu.
Une Vierge l'a produit
Vers la minuit :
C'est le souverain bien
Du genre humain ;
Il naît dans la pauvreté
Par sa bonté ;
Il finit par ses douleurs
Tous nos malheurs.
Depuis que ce Dieu d'amour
A vu le jour,
Le démon ronge ses fers
Dans les enfers :
Il n'a plus de droits sur nous ;
Nous avons tous
Après la captivité ,
La liberté.
Allons voir ce saint Enfant,
Ce Dieu naissant ;
Présentons-lui notre cœur
Avec ferveur.
Le maître de tout n'a rien ;
Pour notre bien ,
Il souffre dessous un toit

Le plus grand froid.
Un Dieu prend un corps mortel,
Et comme tel,
Il se soumet à la mort :
Quel triste sort !
Par le prophète David,
Il est prédit
Qu'un jour son plus digne choix
Sera la croix.
Adorons le Roi des rois
Jusqu'aux abois ;
Adorons-le dans ces lieux
Et dans les cieux ;
Il fera notre bonheur
Comme Sauveur,
Si nous vivons saintement,
Non autrement.

NOEL XXXVII.

Sur l'air : *O nuit, en merveilles fécondes !*

CACHEZ-vous dans le sein de l'onde,
Astre le plus brillant de tous ;
Nous n'avons pas besoin de vous
Pour venir éclairer le monde.
Par un miracle sans pareil,
On voit une Vierge féconde ;
Par un miracle sans pareil,
Dans la nuit paraît un soleil.
C'est pour nous que dans une étable
Se fait voir ce soleil d'amour
Qui nous éclaire nuit et jour :
Qu'il est beau ! qu'il est aimable !
Laissons nos troupeaux, courons tous,
Pour voir cet Enfant adorable ;

Laissons nos troupeaux, courons tous
Pour voir un Dieu fait chair pour nous.
    Celui qui lance le tonnerre,
Est pour nous un Dieu plein d'appas;
Son règne ne finira pas.
Qu'on ne nous parle point de guerre,
Satan ne nous domine plus ;
Déjà la paix est sur la terre,
Satan ne nous domine plus,
C'est le doux règne de Jésus.
    Imitons la troupe des anges,
Qui, ravis d'un si saint aspect,
Pleins d'allégresse et de respect,
Chantent sans cesse les louanges
De l'adorable Rédempteur
Qu'on voit enveloppé de langes;
De l'adorable Rédempteur,
Qu'on voit naître pour le pécheur.
    Chantons, pleins de reconnaissance
A l'honneur d'un cœur bienfaisant,
Qui vient pour nous se faire enfant,
Et qui choisit par préférence
Une crèche pour son berceau :
Le ciel découvre sa naissance ;
Une crèche pour son berceau
Est le signe du saint Agneau.
    Ah ! que cet Enfant a de charmes
Pour nous délivrer de la mort !
Il se livre au plus triste sort :
Il commence à verser des larmes,
Et bientôt il boira le fiel
Pour mettre fin à nos alarmes;
Et bientôt il boira le fiel,
Afin de nous ouvrir le ciel.

NOEL XXXVIII.

Sur l'air : *Je vous le donne ce petit avis en secret*, etc.

REJOUISSANCE !
La paix habite en ce lieu ;
Voici le jour de la naissance
Du Sauveur envoyé de Dieu,
Réjouissance !
Quelle merveille !
Pasteurs, écoutez-la bien tous :
En fut-il jamais de pareille ?
Un Dieu vient de naître pour nous,
Quelle merveille !
Dans une étable,
Couché sur la paille et le foin,
Vous verrez cet Enfant aimable
Réduit dans un petit recoin,
Dans une étable.
Il vous appelle,
Pasteurs, que vous êtes heureux !
Ecoutez cette voix si belle,
Ecoutez ces cris amoureux,
Il vous appelle.
Courez donc vîte,
Adorez ce Dieu fait Enfant ;
Allez tous lui rendre visite ;
Fondant en pleurs, il vous attend,
Courez donc vîte.
Pour votre offrande,
Il ne veut rien que votre cœur ;
Voilà tout ce que vous demande
Cet adorable Rédempteur,
Pour votre offrande.

Sainte Marie,
Refuge de tous les pécheurs,
Un chacun de nous vous supplie
D'offrir à votre Fils nos cœurs,
Sainte Marie.

NOEL XXXIX.

Sur l'air : *Le Ciel nous fait un beau présent.*

JÉSUS , la terreur des enfers ,   *bis.*
Est venu pour briser nos fers ,
Au monde , au monde ;
Sa tendresse pour nous est sans seconde.
    Bergers , pressez vos chalumeaux ,   *bis.*
Dieu prendra soin de vos troupeaux.
        Bergères , bergères ,
Sortez pour quelque temps de vos fougères.
    Un Dieu , dit-on , dans un recoin ,   *bis.*
Sur un peu de paille et de foin ,
Nous prêche , nous prêche
Le salut éternel dans une crèche.
    Allons tous dans ce triste lieu   *bis.*
Rendre hommage à cet Enfant-Dieu ,
Qui pleure , qui pleure ;
Le ciel montre l'endroit de sa demeure.
    Suivons ce bel astre qui luit :   *bis.*
Quoique bien avant dans la nuit ,
Sans doute , sans doute ,
Il nous conduira pendant la route.
    Chantons au monarque des cieux ,   *bis.*
Les airs les plus mélodieux :
      Marie , Marie ,
Vient de mettre au jour le fruit de vie.

NOEL XL.

Sur l'air : *A la venue de Noël.*

Adorons tous un Dieu naissant
Qui vient souffrir pour nous sauver,
Et qui nous ouvre, en s'abaissant,
Le chemin pour nous élever.

Pour sauver l'homme criminel,
Et pour nous montrer son amour,
L'unique fils de l'Eternel
S'est fait mortel dans ce beau jour.

Heureux jour, heureux mille fois,
Où les anges à son berceau
Elèvent leurs célestes voix,
Chantant un cantique nouveau !

Gloire soit, disent-ils, aux cieux,
Gloire soit à Dieu pour jamais !
Son Fils descend dans ces bas lieux,
Pour donner aux hommes la paix.

La pauvre étable est son château,
Son lit royal un peu de foin ;
La triste crèche est son berceau,
On voit un Dieu dans le besoin.

Celui qui créa l'univers,
Et dont la divine bonté
Nourrit les oiseaux dans les airs,
D'un peu de lait est sustenté.

La grandeur est dans le néant,
L'immense dans un petit coin ;
Le sage paraît un enfant,
Le Dieu de gloire est sur du foin.

A sa naissance, les pasteurs
Quittent sans crainte leur troupeau,
Pour venir immoler leurs cœurs

Aux pieds de ce divin Agneau.

Bientôt les mages nous font voir
Que poussés d'une même ardeur,
Ils viennent rendre leur devoir
A cet adorable Sauveur.

Ainsi tous viennent dans ce lieu,
Grands et petits, rois et pasteurs,
A l'honneur de cet Enfant-Dieu,
Brûler leur encens et leurs cœurs.

Quel doit être notre heureux sort!
Satan vaincu, l'enfer jaloux,
Nous allons tous rentrer au port;
Tout chante un Dieu fait chair pour nous.

Venez donc, ô divin Enfant,
Venez contenter votre amour,
Venez, comme un Roi triomphant,
Nous ouvrir l'éternel séjour.

NOEL XLI.

Sur l'air : *Une brune, l'autre jour.*

Adorons un Dieu naissant,
Qui pour nous s'est fait enfant;
Soumettons-nous à sa loi :
Se soumettre à lui, c'est régner en moi;
Soumettons-nous à sa loi,
Remplis d'une vive foi.

Quittons, bergers, le troupeau
Pour voir le Pasteur nouveau :
Pour un Dieu si plein d'appas,
Qui, pour nous sauver, s'expose au trépas;
Pour une Dieu si plein d'appas,
Que ne quitterions-nous pas !

Auprès du souverain bien,
Tout le reste n'est plus rien :

Un Dieu se donne aujourd'hui,
Pour être à jamais notre appui;
Un Dieu se donne aujourd'hui,
Nous avons tout avec lui.
Le voici l'heureux séjour
Où triomphe son amour :
Quelle ardeur vient m'enflammer ?
Que de doux transports viennent me charmer !
Quelle ardeur vient m'enflammer ?
Tout me dit qu'il faut l'aimer.
Le voici ce doux Sauveur,
Cet objet ravit mon cœur :
Qu'il est beau ! qu'il est charmant !
Qu'il mérite bien notre empressement !
Qu'il est beau ! qu'il est charmant !
Qu'il nous aime tendrement !
Dans nos cœurs, divin Enfant,
Votre amour est triomphant :
Nos cœurs se donnent à vous ;
Et c'est le présent le plus cher de tous ;
Nos cœurs se donnent à vous,
C'est l'hommage le plus doux.

NOEL XLII.

Sur l'air des Marionnettes : *Que croyez-vous
pour être ma parente ?*

Dans ce beau jour naît un Dieu tout aimable
Qui vient de souffrir pour sauveur Israël: *bis.*
Dans une étable,
Sort déplorable !
On voit un mortel,
Le Fils de l'Eternel.   *bis.*

Que ce Sauveur est pour nous plein de charmes !
Dès le berceau , c'est un Dieu bienfaisant. *bis.*
  Vainqueur sans armes ,
  Versant des larmes ,
  Ce saint Enfant
 Met en fuite Satan.

De nos malheurs nous perdrons la mémoire ,
Nous jouirons des douceurs de la paix ;   *bis.*
  Ce Dieu de gloire ,
  Par sa victoire ,
  Vient à jamais
 Nous combler de ses bienfaits.   *bis.*

Que l'univers célèbre ses louanges ,
Que nul mortel ne craigne plus la mort ; *bis.*
  Le Dieu des anges ,
  Couvert de langes ,
  Est le Dieu fort
 Qui nous conduit au port.   *bis.*

NOEL XLIII.

Sur l'air : *Bergère , ma bergère.*

Quittez votre fougère ,
Courez vers le Sauveur ,
  Pasteur ;
Il n'est plus de misère
C'est pour notre bonheur ,
  Pasteur ,
Qu'il naît dans la douleur.
 On voit dans une étable
Le Fils de l'Eternel ,
  Mortel ;

Cet Enfant adorable
Est descendu du ciel,
Mortel,
Pour sauver Israël.
Courons avec les mages
Pour voir ce saint Enfant
Souffrant ;
Rendons-lui nos hommages :
Par son état souffrant,
Il rend
Le pécheur triomphant.
Triomphez dans nos ames,
Rendez tous les pécheurs
Vainqueurs ;
Que vos divines flammes
Brûlent de leurs ardeurs
Nos cœurs,
Pour finir nos malheurs.

NOEL XLIV.

Sur l'air : *Que tout se réunisse.*

Tel que d'une brillante aurore,
Un beau soleil on voit éclore,
Tel dans la nuit et plus beau que le jour,
On voit naître un soleil d'amour :
Il nous éclaire ; il nous anime
A triompher dans ce bas lieu ;
Pour nous retirer de l'abîme,
Il nous fallait un Enfant-Dieu.
Que cet Enfant est admirable !
Du ciel il descend dans l'étable
Pour étaler envers nous ses bienfaits,
Et nous donner l'heureuse paix.

Qu'on ne nous parle plus de guerre,
Son règne ne finira pas ;
Ce Dieu qui lance le tonnerre,
Est pour nous un Dieu plein d'appas.
　　Il quitte son trône suprême ;
Sans couronne, sans diadème,
Sans éclat et sans pourpre de roi,
Il se soumet à notre loi :
Revêtu de notre nature,
Il souffrit comme un criminel ;
Pour racheter sa créature,
Un Dieu devient faible et mortel.
　　Divin Jésus, c'est dans la crèche
Que le plus grand amour nous prêche
Qu'on ne saurait triompher des enfers,
Lorsque l'on aime encor ses fers.
Qu'on est heureux sous votre empire !
Que notre sort est glorieux !
Si, pour vous notre cœur soupire,
C'est pour vous que s'ouvrent les cieux.

NOEL XLV.

Sur l'air : *O nuit gracieuse !*

Imitons les anges,
Chantons les louanges
D'un Dieu Rédempteur,
Qui, plein de tendresse,
Jusqu'à nous s'abaisse
Pour notre bonheur.
　　Ce Sauveur aimable
Pleure dans l'étable
Comme un criminel,
Et vainqueur sans armes,
Il vient, par ses larmes,

Nous ouvrir le ciel.
Le Dieu du tonnerre
Paraît sur la terre
Comme un autre enfant ;
Les concerts des anges
Chantent les louanges
De ce Dieu naissant.

Qu'à cette merveille
Tout pasteur s'éveille,
Quitte son troupeau ;
Que chacun s'apprête
Pour faire la fête
Du Pasteur nouveau.

Le morceau de pomme
Qui perdit tout homme,
Nous rendit glorieux ;
Un Dieu charitable
Nous devient semblable,
Naissant sous nos yeux.

Dans ce grand mystère,
Une Vierge est mère
De son Créateur ;
Que tout le bénisse,
Que Satan frémisse
De voir son vainqueur.

NOEL XLVI.

MOITIÉ FRANÇAIS ET BÉARNAIS, EN FORME DE DIALOGUE.

Sur l'air : *De la chanson des Eaux de Bagnères,*
ou *Aigos caudos, aigos fredos.*

L'Ange.

CHERS pasteurs, que d'allégresse,
Que d'amour dans ces bas lieux !

Un Dieu rempli de tendresse
Vient pour vous ouvrir les cieux.

Le Pasteur.

Et aquéro la noubelo
Qui per tout hé tant de brut,
E qui remplech tout fidélo
Dé l'espoir dé soun salut?

L'Ange.

Oui, bergers, c'est votre Maître
Qui vient vous donner la paix;
C'est pour vous qu'il vient de naître,
Profitez de ses bienfaits.

Le Pasteur.

Anen, pastous, touts amasso,
Lechem aci lou troupet,
Pusqu'ey ü Diu quin hé graço,
Anem eerca soun castet.

L'Ange.

Cet enfant si respectable
N'est point né dans un château;
Son louvre n'est qu'une étable,
Une crèche est son berceau.

Le Pasteur.

Lou Diu de magnificenço
Qui dens lou ceou possédat,
E qui per nous prenc nechenso,
Qu'ey douenc praoubemen loutjat!

L'Ange.

Quoique par lui le ciel s'ouvre,
Quoiqu'il soit le fils de Dieu,
Il n'est point dans un louvre,
Mais bien dans un triste lieu.

Le Pasteur.

L'Eternel que prèn nechenso,
L'immourtel que bien mouri;
Que reparo nouste ouffenso,
E lou ceou qu'ens bien oubri.

L'Ange.

Oui, pasteurs, par sa victoire
Il vous rend victorieux ;
Quittant l'éclat de sa gloire,
Il vient nous ouvrir les cieux.

Le Pasteur.

Tout aquo n'és pas crouyable,
Diu n'ey pas qu'ü pur esprit ;
Eternel, riche, immuable,
Anjou dou ceu, qu'abet dit ?

L'Ange.

Lorsqu'Adam mangea la pomme,
Pour vous le ciel fut perdu ;
Par la mort d'un Dieu fait homme,
Le ciel vous sera rendu.

Le Pasteur.

L'innoucent per lou coupablé
Qu'és bou dounc bienne immoula ?
Diu deu ceu, b'et bous aimablé !
Qui poudéré trop aima ?

L'Ange.

Pour réparér votre crime
Et calmer un Dieu vengeur,
Il fallait un Dieu victime
Sous la forme d'un pécheur.

Le Pasteur.

Diu, qui cachat boste glori
Per ü miracle d'amou,
Bouillat qu'au ceu joub adori.
Coum'un Diu, moun Saubadou.

NOEL XLVII,

MOITIÉ FRANÇAIS ET BÉARNAIS, EN FORME DE DIALOGUE,

Sur les airs : *Nou podi pas fairé ce qué bos, Pastou,* ou *Du haut en bas, etc.*

L'Ange.

Un Dieu vous appelle,
Levez-vons, pasteurs ;
Courez avec zèle
Vers votre Sauveur :
Le Dieu du tonnerre
Promet désormais,
La fin de la guerre,
La paix pour jamais.

Le Pasteur endormi.

Lechem droumi,
Noum bengos troubla la cerbelo,
Lechem droumi,
Tiro en daban, sec toun cami ;
N'ey pas besoun de sentinello,
Ni n'ey que ha de ta noubelo,
Lechem droumi.

L'Ange.

A cette merveille,
Peut-on sommeiller?
Elle est sans pareille,
Il faut s'éveiller.
Venez, qu'on seconde
Nos chants et nos voix;
Que l'écho réponde
Jusqu'au fond des bois.

Le Pasteur.

Encouëre ü cop,
Si tu me hés quitta la paillasse,

Encouëro ü cop,
Jéut harei courre au grand galop ;
Si taleu sorti de ma plaço,
N'espérés pas quartié ni graço,
Encouëro ü cop.

L'Ange.

Venez rendre hommage
A ce nouveau né ;
Portez-lui pour gage
Ce cœur obstiné :
Levez-vous sans craindre,
Faites un effort ;
Cessez de vous plaindre
Dans votre heureux sort.

Le Pasteur.

Lou sort huroux,
N'ey pas jamey noúste partatjé,
Lou sort huroux,
N'ey pas en t'aux praubés pastous ;
Per quin estrange badinatgé,
Bos-tu qu'ayan per ü maynatjé,
Lou sort huroux ?

L'Ange.

Les rois obéissent
A sa tendre voix ;
Les démons fléchissent,
Soumis à ses lois :
L'enfer rend les armes
A ce Dieu vainqueur ;
Rendez-vous aux charmes
De ce Rédempteur.

Le Pasteur.

Joub baou leba,
E si t'en bantos, crouts de paillo,
Joub baou leba,
Mès t'en pouyras maou trouba ;
Tout homi qui coum tu se raillo,

N'ey pas sans doute arrés qué baillo ,
Joub baou leba.

L'Ange.

Ouvre la paupière ,
Vois les cieux ouverts ;
Vois cette lumière ,
Entends nos concerts.
Un Dieu charitable
Vient briser tes fers ;
Sa main favarable
Ferme les enfers.

Le Pasteur éveillé.

Diou ! qué bey you ?
Anjou deu ceu , quin bet spectacle !
Diu ! qué bey you ?
Tout bé m'announço un Saubadou ;
A moun salut n'y a plus d'oubstaclé ,
Lou ceu s'oubrech, ah ! quin miraclé !
Diu ! qué bey you ?
La peou me pren ,
Couan entendi ta grand tapatjé ,
La paou me pren ,
Couan jou bey courré tant dé yens
Qui s'en ban de cap aou biladjé ,
Dab tant d'ardou , tant de couratjé ,
La paou me pren.

L'Ange.

Venez sans rien craindre ,
Ne bàlancez pas ,
Et sans vous contraindre ,
Redoublez vos pas :
C'est dans ce village ,
Dans un pauvre lieu ,
Près de ce bocage ,
Qu'on voit l'Enfant-Dieu ,

Le Pasteur

Que disets bous ?

Aquo nou parech pas crouyable,
Que disets bous ?
Que ban ha touts aquets pastous,
Bede lour Diu dens üo establo;
Aquo bé semblo bèro fablo,
Qué disets bous ?

L'Ange.

Un cœur fidèle
S'en rapporte à moi,
Un esprit rebelle
N'a jamais de foi :
Pour le bien comprendre,
Allez dans ce lieu ;
Partez sans attendre,
Vers cet Enfant-Dieu.

Ce Sauveur nous prêche
Par sa pauvreté;
Il choisit la crèche
Par humilité :
Pour votre défense,
Il naît sous vos yeux ;
Vous rend l'innocence,
Vous ouvre les cieux.

Le Pasteur.

Ange, adiu siat,
Jou bau sauta, bau courré biste;
Ange, adiu siat,
Escusats-mé s'ey mau parlat:
Jou aurey d'abord üe bisto,
Lou lugràa m'enseigno la pisto;
Ange, adiu siat.

NOEL XLVIII.

Sur l'air : *Venez, divin Messie*, ou *Rebeillats-
bous*, *maynados*, etc.

CELEBREN là nechense
De nouste aimable Saubadou ;
Plés de recounechense,
Adouren sa grandou :
Aci lou tems tant attendut,
Lou Messie qu'ey descendut,
Nouste ennemic qu'és confoundut,
Diu fineich nouste guerre :
Et lou plus grand de tous lous bés,
La pax dessus la terro
Que regne per jamais.
  Diu éternel coumo soun pay,
El s'incarne au séé d'uo may,
Que bou débienne nouste fray,
Meste de la naturo,
Que cacho touto sa grandou
Debat l'humble figuro
De l'houmi peccadou.
  O Saubadou pléé de bountat !
Si bous nou m'abet tant aymat,
Qui jamey m'auré rachetat ?
Ma désobéissenço
D'abord que m'abé coundamnat ;
Més per bosté nechenso,
Moun sort qu'ey cambiat.
  A l'exemple dou Saubadou,
Enta respoune à soun amou,
D'un soulet auram nous prou ;
Counsacren chens partatgé,
Noustes désirs, noustes actious

Au benadit Maynatjé
Qui bien souffri per nous.

NOEL XLIX.

Sur l'air du Noël XX ; ou *Aygos caudos* ; ou
L'amour n'ey que troumperio, etc.

Qu'ABET bist , troupo fidelo ?
Pastou , qu'abet entenut ?
Apprenets-nous la noubelo
Qui per tout hé tant de brut :
Ah ! quin maynatjé !
Couan de grandou !
La terro et lou céu qu'en randen houmatjé,
Tout nous announço lou Saubadou.
    Aquero estello brillanto
    Qui sur Bethléem lusech ,
    La bouts de l'ange qui canto ,
Tout ü Diu bens descroubech.   Ah ! etc.
    Poplés , qué dins l'esclabatjé
    Abet bersat tant de plous ,
    Reprenets aro couratgé ,
Lou ceu que s'oubreich per bous.   Ah ! etc.
    Per lou plus grand des miraclés ,
    Lou Messie proumettut ,
    Suiban les anciens ouraclés ,
Anfin per nous qu'ey badut.   Ah ! etc.
    Lou meste de la nature ,
    Diu puissant , éternel ,
    Per sauba sa créature ,
Que debien feble et mortel.   Ah ! etc.
    Cargat de noustes offenses ,
    Qu'es hé l'homi de doulous !
    Que pren sus ét las souffrenses ,
Qui deben tomba sur nous.   Ah ! etc.

Fiers démons qui het's la guerre
Ta loung-temps à l'unibers,
La pax qu'ey are sur terre,
Rentrats dins bostes infers.　　　Ah ! etc.
　　Quin amou , quine tendresse !
Diu se hé semblable à nous ;
Més debet tant de feblesse
Qu'on descoubrech tant de grandous.　Ah ! etc.
　　Deya dens aquet tendré adjé
Qué pareich sa majestat ,
Touts lous traits de soun bisatjé
Soun traits de dibinitat.　　　Ah ! etc.
　　Hilh de Diu et Diu ét-même ,
O spectaclé tout charmant !
Qué quitté la cour suprême
Per nous tira deu néant.　　　Ah ! etc.
　　Tout announce sa puissance ,
Tout announce sa grandou ;
Jamay Rey à sa néchense
Nou recebouc tant d'aounou.　　Ah ! etc.
　　Dous Jesus , caritat même ,
Moun Diu , moun Rey , moun Espous !
Ah ! millo cops anathémo ,
Si jamey aymi qué bous.　　　Ah ! etc.

NOEL L.

POUR LE JOUR DE L'OCTATE DES ROIS.

Sur l'air : *Voici le jour solennel de Noël* , etc.

Un nouvel astre reluit ,　　　Qui conduit
Des rivages de l'aurore ,
Vers Jésus trois sages rois
Font que chacun l'adore.
Ils sont dans Jérusalem ,　　　Bethléem

N'est pas loin de cette ville ;
Ils parlent d'un Roi nouveau   Au berceau ;
Hérode n'est pas tranquille.

     La cour partage l'effroi   De son Roi ;
Toute la ville est émue ;
Les docteurs sont assemblés   Et troublés,
La terre est éperdue.

     Hérode leur dit à tous :   Savez-vous
En quel lieu le Christ doit naître ?
Rappelez dans vos esprits   Quels écrits
Pourraient le faire connaître ?

     Ils ont tous les livres saints Dans les mains,
Ils en sont les interprètes :
Bethléem est le seul lieu   Où le Dieu
Naîtra , selon les prophètes.

     Le roi cachant son dessein   Dans son sein,
Dit alors aux trois mages :
Notre Roi n'est pas bien loin ,   Ayez soin
De lui rendre vos hommages.

     Bethléem est le séjour   De sa cour ,
Allez-y sans plus attendre ;
Que j'embrasse ses genoux   Après vous ;
Mais venez-moi tout apprendre.

     Le nouvel astre des cieux   A leurs yeux
Aussitôt vient reparaître ;
Il s'arrête sur le lieu   Que leur Dieu
A daigné choisir pour naître.

     D'un cœur sincère et constant,   A l'instant
A ses pieds tous trois se jettent ,
Et pleins d'une vive foi   Pour son Roi ,
A ses lois ils se soumettent.

     Ils lui donnent pour présent   De l'encens ,
De l'or , de la myrrhe encore ;
Ils adorent ce Sauveur,   Ce Seigneur ,
Ce Dieu que le ciel adore.

     Un ange , pendant la nuit,   Les instruit
Du dessein du roi perfide ;

Mais il change de chemin ,   L'inhumain
Trame en vain un déicide.

 Joseph est déjà parti ,   Averti
Par un ange dans son somme ;
A la faveur de la nuit,   Il s'enfuit,
Triste sort d'un Dieu fait homme.

NOEL LI.

POUR LE JOUR ET L'OCTAVE DES ROIS.

Sur l'air : *Valdec, ce grand capitaine, etc.*

UNE étoile singulière
Brille dans le firmament :
Trois rois pleins d'étonnement
Veulent suivre la carrière ;
Ce bel astre les conduit
Par l'éclat de sa lumière ;
Ce bel astre les conduit
Dans les ombres de la nuit.
 En Judée ils arrivèrent,
Brûlant d'une vive foi ;
Hérode était le roi ,
Tous trois ils le visitèrent.
En parlant d'un Roi nouveau,
De frayeur ils le glacèrent ;
En parlant d'un Roi nouveau
Qu'ils cherchaient dans le berceau.
 Il assemble scribe et prêtre,
Pour apprendre quel séjour
Le Christ qu'on attend un jour
A daigné choisir pour naître.
Bethléem est ce saint lieu ,
A ce qu'ils lui font connaître ;
Bethléem est ce saint lieu ,

Selon les décrets de Dieu.

Il répond à ces rois mages,
Affectant un air joyeux,
Que le Christ venu des cieux
N'est pas né sur ces rivages ;
Qu'il est né dans Bethléem,
Qu'ils y portent leurs hommages ;
Qu'il est né dans Bethléem,
Et non dans Jérusalem.

Revenez, dit-il encore,
Pour me faire tout savoir ;
C'est mon Maître, et mon devoir
Veut aussi que je l'adore.
Vous venez en ce séjour,
Des rivages de l'aurore ;
Vous venez en ce séjour,
Je dois vous suivre à mon tour.

Sans soupçons pour ce coupable,
Ils s'avancent à grands pas :
L'astre ne les quitte pas ;
Mais enfin, chose admirable !
Ils s'arrêtent sur un lieu
Qui n'est qu'une pauvre étable ;
Ils s'arrêtent sur un lieu
Qui n'est pas digne d'un Dieu.

Par la foi qui les éclaire,
Ils y vont chercher l'Enfant :
Ils le trouvent, en entrant,
Entre les bras de sa mère.
Par le plus profond honneur,
Ils s'empressent de lui plaire ;
Par le plus profond honneur,
Ils adorent le Seigneur.

Ils présentent pour hommage,
L'or, la myrrhe avec l'encens ;
Sur les rois les plus puissans,
Ils lui donnent l'avantage.

Qu'ils sont dignes par ce choix,
De donner partout des loix !
Qu'ils sont dignes par ce choix,
De donner partout des loix !

NOEL LII.

POUR LE JOUR DE L'OCTAVE DES ROIS.

Sur les airs du Noël XX.

Des lieux où le jour dévoile
Pour nos climats sa clarté,
Trois rois mages, d'une étoile
Admirant la nouveauté,
Au berceau du Roi des anges
Arrivent pleins de ferveur,
Et des hommes, dans les langes,
Ils adorent le Sauveur.

Le Sauveur, dans ce mystère,
Fait connaître à l'univers
L'Enfant-Dieu son salutaire,
Qui vient pour briser nos fers :
Que toute la terre adore
Et bénisse à son tour,
Le Très-Haut, depuis l'aurore
Jusques à la fin du jour.

Que votre chœur le bénisse,
Esprits saints, anges des cieux ;
Que Sion se réjouisse
De voir naître sous ses yeux
Celui dont la prophétie
Parle si précisément,
Le Dieu fait chair, le Messie,
Le maître du firmament.

Ces fervens et pieux mages,

Déjà lui font leurs présens ;
En lui rendant leurs hommages,
Ils offrent or, myrrhe, encens.
Les cieux, l'air, la terre et l'onde
L'adorent à leur façon,
Pour nous et pour tout le monde :
O l'admirable leçon !
 Animés du même zèle,
Suivons, du moins en esprit,
L'amour saint qui nous appelle
Au berceau de Jésus-Christ.
Que le cœur, de notre offrande
Soit le principal objet ;
Ce saint Enfant ne demande
De nous qu'un amour parfait.
 Que tout être qui respire,
Adore un Dieu Rédempteur !
A vivre sous son empire,
Consiste le vrai bonheur ;
Que du sceptre à la houlette,
A l'exemple d'Israël,
Tout chante, avec la musette,
Mille et mille fois Noël

NOEL LIII.

POUR LE JOUR DE L'OCTAVE DES ROIS.

Sur l'air des Pélerins.

Nous sommes trois souverains princes
  De l'Orient,
Qui voyageons de nos provinces,
  En Occident ;
Pour saluer le Roi des rois
  A sa naissance,

Et recevoir les belles lois
Que donne son enfance.
    Apprenez-nous, peuple fidèle
      De ce beau lieu,
Si vous savez quelque nouvelle
      Du fils de Dieu;
Enseignez-nous, par charité,
      Quel est le louvre
Qui cache la nativité
Que le ciel nous découvre.
    Nous voulons rendre nos hommages
      A sa bonté,
Et saluer tous trois en mages,
      Sa majesté;
Nous lui portons pour tous présens,
      Nos diadèmes,
Avec l'or, la myrrhe et l'encens,
Pour nous offrir nous-mêmes.
    Le firmament, dessous le voile
      De cette nuit,
Découvre une brillante étoile
      Qui nous conduit:
Nous nous guidons par les beaux feux
      Qu'elle fait naître;
Pour tâcher d'accomplir nos vœux,
Adorant notre maître.
    Suivons-la donc, puissans monarques,
      Dans tous les lieux,
Puisque ce sont de sûres marques
      Du Roi des cieux:
Suivons ces beaux chars attelés
      Qu'on voit reluire;
Ils ont paru sur nos palais,
Afin de nous conduire.
    Mais où court toute cette foule
      Près de ce bois?
Il semble que la terre roule

Sous un tel poids.
Remarquez-vous ces étrangers
      Tout pêle-mêle,
Avec la troupe des bergers,
Qui chantent avec zèle.
   Hélas ! pour admirer la fête
      De tant de gens,
Je vois qu'une étoile s'arrête
      Sur ces paysans :
Serait-ce bien ce petit lieu
      Sans couverture,
Qui nous cache le fils de Dieu
Dessous notre nature ?
   Faites-nous quelque peu de place,
      Nos chers amis,
Pour voir ce Fils rempli de grâce,
      S'il est permis :
Nous venons trois en même temps
      De l'Arabie,
Pour consacrer quelques présens
A ce beau fruit de vie.
   Grand Dieu, de qui tout notre empire
      Chérit les lois !
Nous sommes, l'oserons-nous dire,
      Trois petits rois
Qui venons rendre ce devoir
      A votre enfance,
Lui présentant notre pouvoir
Et notre obéissance.
   Nous vous portons dedans ces boîtes,
      Quelques présens,
Et vous offrons, avec nos têtes,
      Un peu d'encens :
Agréez de nous ce trésor
      Pour nos hommages ;
En recevant la myrrhe et or
Bénissez les trois mages.

NOEL ou CANTIQUE

QU'ON PEUT CHANTER SUR LE MAGNIFICAT.

Sur l'air : *Roussignoulet qui cantos*, ou *sur les airs du Noël X.*

MORTEL , entends Marie
Qui dit dans son bonheur :
Mon ame glorifie
Mon aimable Sauveur ;
Pour donner des louanges
A ce Dieu dont l'éclat
Fait la gloire des anges ,
Chantons *Magnificat.*
  Le ciel m'a distinguée
Entre les fils d'Adam ;
La sagesse incarnée
Veut être mon enfant :
Dieu dans mon sein se place ,
Aussitôt mon esprit ,
Plein de sa sainte grâce ,
Chante *Et exultavit.*
  De son humble servante
L'on voit un Dieu naissant ;
Il lui plaît que j'enfante
Le Roi du firmament :
Que l'univers contemple
Le Messie prédit ;
Si mon sein est son temple ,
C'est *Quia respexit.*
  Le Tout-Puissant signale ,
Pour l'homme sa bonté ;
Il me rend sans égale
Par la maternité :

Si notre premier père
Du serpent fut trahi,
Du Sauveur je suis mère,
Quia fecit mihi.
C'est la miséricorde
Du fils de l'Eternel,
Qui s'étend, se déborde
Sur tout être mortel :
Adam mangea la pomme ;
Le ciel qui nous châtia,
Nous donne un Dieu fait homme,
Et misericordia.
Si le pécheur se flatte
D'avoir un Dieu si doux,
D'abord son âme ingrate
Eprouve son courroux :
S'il veut se méconnaître,
Tel que le père Adam,
Dieu le punit en maître,
Fecit potentiam.
Dieu lance son tonnerre
Sur les superbes rois ;
Il leur livre la guerre
S'ils méprisent ses lois :
Le pauvre a ses caresses,
Comme son propre fruit ;
Il obtient ses largesses,
Chantons *Deposuit.*
Pour le pauvre il est tendre,
Sensible à ses soupirs ;
Il se plaît à l'entendre
Pour remplir ses désirs :
Les riches, d'abondance
Toujours trop affamés,
En craignant l'indigence,
Sont *Esurientes.*
Notre péché s'efface

Après quatre mille ans ;
Dieu nous met, par sa grâce,
Au rang de ses enfans :
C'est par sa bonté pure
Qu'il nous ouvre le ciel,
Prenant notre nature,
Suscepit Israel.

En marchant sur les traces
Du fidèle Abraham,
Dieu nous rendra les grâces
Dont nous privait Adam :
Il tiendra sa promesse,
Faisant notre salut ;
Le cœur plein d'allégresse,
Nous chanterons *Sicut.*

Gloire, louange au Père,
Gloire et louange au Fils,
Dont je suis fille et mère,
Comme il était promis !
Gloire à l'Esprit paisible
Qui me purifia !
Par un bonheur sensible,
Chantons tous *Gloria.*

La terre désolée
Par le péché d'Adam,
Sera donc réparée
Par mon céleste Enfant :
Satan quitte la place,
Dieu change notre état ;
L'homme est remis en grâce,
Tout est *Sicut erat.*

CANTIQUE BÉARNAIS.

Sur l'air des Sauts Basques.

Nou bos leu sourti de ta misère,
Tu qui nou penses qu'à houleya ?
   Tout tems n'ey pas tems dé réjoui,
   N'ey pas lou tems de coumberti
   Lou moument qui cau mouri ;
   Escoute la bouts qui t'apère,
Pren lou cami qu'ét dègne indiqua.
Comptés sens féé, sens ley, sens reliyou,
    Homi peccadou,
    Homi sans rasou,
  D'ab quino celeste ardou
Nou deou pensa qu'ü Diou ey mourt per
     toun amou,
Bet troumpos hero, dits sent Augusti,
Si crédés que Diou tout soul te hara pla mouri, *b.*
    Coan aïos bencut,
    E plaa coumbattut,
Labèts soulamen lou ceu quet sera pla debut
    Couan sies cadut,
    Per abe crédut,
Sens héro semiaa, tu bé coueillera ü grand frut :
    Penso à toun salut,
E nou perdes pas jamey de bisto toun but.
    Lou Seignou
   Nou bôou pas nouste perte :
    D'ab ardou
   Quens cerquo un boun pastou ;   *bis.*
   Malheur à nous s'en caou mouri,
Premé n'ayam pensat aoux coumberti ;
Couan cau coueille nou cau semiaa,
   Ouey nou pas doumaa,
   Qne caou abé l'obre en maa !

Taou qui proupousabo avan d'u més
De ha pénitence,
Que boulè mey lou rabi sous bés,
Qu'ey estat surprés
Nou pensa qu'à sous plasés,   *bis.*
Si yabé leou pensat, aou qui tabla flatabo,
Au ceu sere plaçat :
Per ço qué toustem differabo
Se poudè rande Diu proupici,
Dab hero ferbou,
Bou demanderè perdou.   *bis.*
Aquet mêmo çici
Qui hé soun délici,
Qué hé la doulou
Deou malhuroux peccadou :
Aquet ço de graço
Qu'a hounegut la graço ;
Toustem lou Seignou
Qué harâ senti sa rigou.
Quitto bistomens
Aquets amusomens
Quit hén perde tems,
Per sanctifia toun amo :
L'éternello flamo
A jou me troublo touts lous sens.   *bis.*
De quet serbiran lous plasés, las houlios,
Si tu t'es perdut, damnat per û jamey ?   *bis.*
Couan tu seres rey
De toutos las mounarchios,
Tout qué disparech ;
Més l'infer que nou senech.
La rigou
Deou Seignou,
L'éternello flamo,
Lous regrets de l'amo,
Las bountats deou Saubadou,
Tout que deou serbi.

Per te ha poou
De ta counduite infamo
Tu souffriras éternellomen
Lou plus grand tourmen,
Sens soulatjomen :
E soun desespoir
Sera piri que l'infer.
Bos dounc ébita l'afroux, lou terrible noufratjé
Dont Diu te menace, et que cent cops as meritat ;
Bos anfin quitta ta misero et toun esclabatjé,
Qūé per toun malheur et trop loung-tems tu
b'as aymat ?
Sios ferben,
Ayme Diu tendromen,
Sios ferben,
Et receb lou souben ;
Toun cô qué sera couten,
Et tu trouberas que lou sort deu qui tant houlejo
N'ey pas gracioux,
Ni jamay huroux,
Qué lou joug deu Seignou qu'ey dous !
Canten tau cansou quoüan de mau ha te gaye
embejo,
Qu'ét coumbertiras,
Qu'ét réjouiras,
Et toustem sage qué séras.

ACTES AVANT LA COMMUNION.

Sur l'air : *Mon Dieu, faites-moi miséricorde*,
ou *sur les autres airs du Noël XXX.*

Acte de Féé.

Jou crey que lou corps adourable
De Jésus-Christ ey sur l'auta,
Et que toustem éy béritable

183

Tout ço quins degno rebela.

Acte d'Adoration.

Seignou, cachat boste glori
Dins aquet mysteri d'amou ;
Joub recounechi, joub adori
Com'moun Diu et moun Saubadou.

Acte d'Humilitat.

Jou nou soy qu'un bermi dé terre,
Qui ey mesprésat bostes grandous,
Et bous, au loc d'em ha la guerre,
Quem boulet coumbla de fabous.

Acte de Bon propos.

Pusqu'ém boulet esta proupici,
Et qu'à jou bet boulet uni,
Jou bouy per-tout hoéje lou bici,
Et nou pensa qu'a bous serbi.

Acte de Demande.

Degnat Seignou, per boste grace,
Banni de moun cô lou peccat ;
Het que jamey nou y trobe place
Despuch que si ü cop cassat.

Acte d'Amour.

Si jou me soy rendut coupablé
D'abé trop aymat lous plasés,
Joub aymi, Seignou tout aimablé,
Mille cops mey qué touts lous bés.

Acte de Countritiu.

Oh! qué moun ame éy affliyado
De toutos mas iniquitats !
Et ço que l'a plus toucado,
Qu'ey l'excès de bostes bountats.

Acte de Counfienço.

Seignou, si boste probidence
Nou m'a heit qu'en rende hurous,
Bouillat que pléé de counfience,
Jou m'abandouni tout à bous.

Au *Domine, non sum dignus.*

Ah ! you soy tout sasit de crainte,
Quan de bous mé boy approucha ;
Digat ü mout, moun ame ey sainte,
Et digne d'eb serbi d'auta.

Penden è après la Communion.

Diou bou, tout sant per essenço,
Quins boulet serbi d'alimeus,
Counsacrat per boste présenço,
Moun corps, moun amo è touts mous sens.

Acte de Proutestatiu.

Si ma bito ey estado infamo
En tan mespresen boste ley,
Ah ! joub proutesti que moun amo
Noub désoubeïra jamey.

Acte de Remercioumen.

Jou n'ey ni lenguo, ni paraulo
Digne deb poude remercia,
Deste aperat à boste taoulo,
Enta m'y bienne sanctifia.

Acte d'Amou.

Aoutan coum'bous ets redoutable,
Coan d'ab justiço nous jutjat,
Aoutan, Seignou, bous bet aimablé,
Couan dens l'houstio bous cachats.

Acte d'Offrande et de Demande.

Joub offri toutos mas pensados,
Mas paraoulos, mas actious :
Perdounats mas faoutos passados,
E toutos mas oumissious.

COUNCLUSIU.

Deb serbi qu'ey moun abantatje,
Que nou ey nad plasé plus doux ;
Dats-me dounc, Seignou, lou couratje
De bibe é de mouri per bous.

F I